專業服務與一帶一路

解構・倡議

專業服務與一帶一路

編著

李芝蘭

CITY UNIVERSITY OF
HONG KONG PRESS
香港城市大學出版社

項目統籌	陳小歡
實習編輯	陳泳淇（香港城市大學中文及歷史學系四年級）
封面設計	蕭慧敏
版面設計	劉偉進

Création
城大創意製作

國際統一書號：978-962-937-434-1

出版

香港城市大學出版社
香港九龍達之路
香港城市大學
網址：www.cityu.edu.hk/upress
電郵：upress@cityu.edu.hk

**Co-evolution of Hong Kong's Professional Services and
the Belt and Road Initiative**

(in traditional Chinese characters)

ISBN: 978-962-937-434-1

Published by

City University of Hong Kong Press
Tat Chee Avenue
Kowloon, Hong Kong
Website: www.cityu.edu.hk/upress
E-mail: upress@cityu.edu.hk

Printed in Hong Kong

關於香港持續發展研究中心

2017 年 6 月，香港城市大學成立「香港持續發展研究中心」(The Research Centre for Sustainable Hong Kong，簡稱 CSHK)，是一所跨學科應用研究策略發展中心，由公共政策學系李芝蘭教授出任中心總監。CSHK 秉承從多學科角度分析現實問題及提供創新解決方案的理念，成員來自香港城市大學多個不同範疇的學科，包括政治學、哲學、國際關係、社會工作、心理學、法律、經濟與金融、會計、管理科學、土木工程、電子工程和環境科學等，支援香港持續發展研究樞紐作為促進不同界別及區域之間協作及各項研究項目開展的合作平台，促進香港社會可持續發展。

與研究中心緊密合作的「香港持續發展研究樞紐」成立於 2016 年 11 月，是一個跨界的創新研究平台，旨在促進香港學術界，工商業界和專業服務界，社會及政府之間，以及香港與不同區域之間在現實政策領域的協作，進行有影響力的應用研究。CSHK 總監亦是研究樞紐召集人。迄今，研究樞紐得到逾 1,700 名樞紐成員加入，積極參與和推進 CSHK 的研究工作。

研究中心的一個重點研究課題為「一帶一路」倡議提供的發展機遇和挑戰，我們於 2017 年經激烈競爭後，成功獲香港特區政府政策創新及協調辦公室（PICO）委託，進行一項為期三年的

策略性公共政策研究資助計劃（SPPR）[1]，題為「香港專業服務與一帶一路：推進可持續發展的創新能動性」。香港專業界別70年代末起參與內地經濟建設，令各方對香港在「一帶一路」發展中寄予厚望。中國政府的「一帶一路」構想宏大，香港專業人士卻感到難以配合。由於坊間的討論乃多從宏觀戰略角度切入，未能充分剖析期望上的落差。有鑑於此，該研究挑選香港兩大專業——會計金融以及法律——為主要對象，以訪談及問卷調查的方法，釐清他們對「一帶一路」的理解，以及他們眼中的香港與「一帶一路」機遇及挑戰，透過座談分享、閉門會議等方式，把討論擴展至金融、商界、學界等人士，共同找出香港的定位。透過微觀能動者視角的研究，再加上各持份者利用我們平台的互動，有助找出及縮窄各方差異，從而推動香港專業界別更積極參與「一帶一路」，為內地以及香港的可持續發展作貢獻。本書乃對接近兩年的工作成果的一個初步總結，期望通過分享達到集思廣益。

---

1. 團隊成員包括：

李芝蘭教授（香港城市大學公共政策學系）
林峰教授（香港城市大學法律學院）
巫麗蘭教授（香港城市大學會計學系）
陳浩文博士（香港城市大學公共政策學系）
何江山博士（香港城市大學法律學院）（2017 年 3 月至 2018 年 9 月）
葉世安先生（香港城市大學會計學系）
甘翠萍博士（香港城市大學公共政策學系）
梁雨晴博士（深圳大學公共管理系）
黃敏剛博士（香港城市大學會計學系）
Mr. David HOLLOWAY（香港城市大學法律學院）（2018 年 9 月起）

另外，廣東行政學院經濟學部岳芳敏教授、香江學者姬超博士及多名研究人員深度參與。

　　欲了解更多有關我們研究工作以及研究樞紐和中心的活動及發展，歡迎瀏覽研究中心網頁 www.cityu.edu.hk/cshk 及研究樞紐 Facebook 頁面 www.facebook.com/sushkresearchhub。有興趣參加我們工作的各界朋友，歡迎透過我們的 Facebook 頁面聯繫我們。

目　錄

序言一（陳智思）

　　隨着國家改革開放，經濟急速發展，香港的角色也因此而有所轉變。當中國與世界其他地方的貿易關係和投資方式出現新模式，香港與內地周邊地區之間的經濟和社會發展也更見緊密。

　　由香港城市大學香港持續發展研究中心出版的《解構 • 倡議 —— 專業服務與一帶一路》正好適時探討香港專業服務界別在「一帶一路」和「粵港澳大灣區」發展時可扮演的角色。

　　大家對「一帶一路」和「粵港澳大灣區」這兩個議題當然不會陌生，但過去所聽或少集中個別專業行業在當中的發展前景、機遇及挑戰。其實本港的一些專業服務具一定的競爭優勢，有望成為區域服務中心，包括會計、法律服務、調解和仲裁、風險管理以及各種金融活動等。本書內容根據研究中心過往所做的研究及調查所撰寫而成，細談這些專業服務界別如何在「一帶一路」和「粵港澳大灣區」發揮作用。

　　透過這書，讀者可對「一帶一路」和「粵港澳大灣區」與香港的關係和影響有更多了解。書中亦探討了年輕人、中小企業等如何在大灣區找到合適的位置並抓緊機會。

「一帶一路」和「粵港澳大灣區」對我們當下和未來的社會、經濟發展都十分重要。《解構‧倡議 —— 專業服務與一帶一路》提供適時及深入的內容和分析，讓讀者更能把握機遇，為未來做好準備。

陳智思
行政會議召集人

序言二 （李律仁）

　　我與李芝蘭教授相識接近二十載。適逢香港城市大學香港持續發展研究中心成立兩周年，李教授聯同一眾專家學者就「一帶一路」編撰研究專著，從金融及專業服務業界的角度深入解構香港的角色，意義非凡。

　　香港是世界公認的頂級國際金融中心，而近年本地業界其中一個重要議題，正是如何發揮香港的獨特優勢，配合「一帶一路」及國家「十三五」規劃，協助內地企業走出去、帶動海外資金走進來。同時，自國家提出粵港澳大灣區（「大灣區」）發展規劃後，香港金融服務業界亦開始積極探討如何貫徹「一國兩制」方針、發揮粵港澳綜合優勢，帶動地區及國家經濟發展。

　　具體來說，「大灣區」是「一帶一路」重要金融核心，而香港正能夠發揮其促成者和推廣者的角色，在金融領域起引領作用，打造服務「一帶一路」建設的投融資平台。就此，香港金融發展局亦曾撰寫報告，並舉辦及參與一系列論壇及研討會，就國家發展綱領下如何鞏固香港作為離岸人民幣市場領導者地位、加強香港作為區內綠色金融和金融科技發展的領導角色等議題主導倡議。

《解構・倡議 —— 專業服務與一帶一路》一書，秉承香港持續發展研究中心從多角度分析問題及提供創新解決方案的理念，先剖析「一帶一路」、香港和「大灣區」三者的互動，再就發展債券市場、投融資平台、仲裁樞紐及調解中心等方面提出具啟發性的倡議，值得業界人士細閱。

　　我相信此書定必有助讀者進一步了解「一帶一路」為香港帶來的契機，積極抓緊國家發展的重要機遇。

李律仁

香港金融發展局主席

前言

　　隨着近年保護主義抬頭，去全球化（deglobalisation）聲音此起彼落，中國於 2013 年提出的「一帶一路」倡議（Belt and Road Initiative）在這種環境下引發了新一輪爭議，加上世界各地「一帶一路」項目和活動陸續展開，分析該倡議對中國及世界局勢帶來的變化，很快便成為了學術界熱切關注的議題。

　　2017 年 3 月，我們的研究團隊獲香港特別行政區政府中央政策組（2018 年 4 月後改組為政策創新與統籌辦事處）策略性公共政策研究資助計劃（Strategic Public Policy Research Funding Scheme）的資助，展開了為期三年的「香港專業服務與一帶一路：推進可持續發展的創新能動性」課題研究（編號：S2016.A1.009.16S）。在團隊成員與筆者的共同努力之下，我們對「一帶一路」倡議與香港持續發展的問題進行了許多探索，並且期望通過本書將我們的認識與大眾分享，以進一步推動相關討論及研究的進展。

　　作為本書編者和項目負責人，筆者長期從事研究政府間關係和中國政府的改革歷程，專注探討制度和機構變革的動態過程，涉獵的研究議題包括中央—地方關係、政府改革、法治和跨境關係等，貫穿其間的主線就是在一個統一的分析框架之中突顯合作和衝突在理解政治和公共政策的共同作用。目前關於

解構倡議

「一帶一路」的爭議，正好顯示出合作和衝突並存的重要性，收錄於本書的大部分成果也體現了這個思路，例如第一章提出「一帶一路」項目要在考慮各國國情差異的前提下合作共建、第三章提出粵港澳大灣區城市之間不宜侷限於彼此競爭而是應該協同合作等，均是對合作和衝突視角並納分析後得出的結論。

　　「一帶一路」倡議涉及眾多技術要求高、知識涉及面廣的項目，它們的參與主體多元化，彼此之間相互作用、相互依賴，展現出非常強的開放性，這些項目的主要參與者（單位、個人、產品或服務）往往是來自多個國家及地區，個別重大工程如亞吉鐵路 (Addis Ababa-Djibouti Railway)（連接埃塞俄比亞和吉布提兩個國家）、中老泰鐵路 (Thai-Sino High Speed Railway Project)（連接中國、老撾、泰國三個國家）等更覆蓋了多個主權國家的領土，這一系列問題進一步增加了「一帶一路」項目的複雜性，並且使得它們必須透過各方合作共建的方式來進行。然而在此一各方合作共建的過程當中，礙於各參與主體的利益訴求不盡相同，加上文化價值觀差異、資訊不對稱、制度法律不相容等因素的影響，有關項目建設無可避免地會帶來一些衝突，這正是「一帶一路」倡議自 2013 年實施以來爭議不絕的主要原因。面臨多元化的政府、企業與社會環境，「一帶一路」項目建設中的跨國、跨境、跨主體因素的複雜性必須得到充分考慮，可惜在不同制度、法律和文化環境的影響下，各個參與主體對合作的認知存在較大差異，以至於不清楚如何尋求合作的途徑和方法，因此對於箇中衝突難以依據自上而下的政治命令去解決，也就是說傳統的威權主義 (authoritarianism) 思路並不適用於應付「一

帶一路」的建設需求。這一現象，促使筆者和研究團隊嘗試通過跨學科研究和跨界合作的方式，理解多元化主體在「一帶一路」項目建設過程中所能扮演的恰當角色，並且促進它們進行良性互動、發揮各自所長，探索「共商、共建、共用」合作機制的方向和建設路徑。

　　基於上述理念，我們先後設立「香港持續發展研究樞紐」（SusHK Hub）、「一帶一路國際樞紐」（International Hub for the Belt and Road）兩個平台，匯聚來自不同地區和專業界別的人士，成功推進各方在「一帶一路」及香港持續發展等議題上的合作。在研究過程中，我們用跨學科方法審視法律、會計及金融等香港專業服務業，如何在「一帶一路」倡議下持續發展和發揮新角色，範圍涵蓋了「一帶一路」項目建設、信用評級、債券市場、爭議解決以至粵港澳大灣區的全國策略角色等問題。兩年間，在中國大陸、香港及「一帶一路」沿線國家進行深度訪談與實地考察超過一百餘次，舉辦論壇、研討會和工作坊二十餘場，並且出版了兩本專著，以及數十篇期刊論文、調查報告、專業文章和意見書，積累的學術研究成果和政策倡議得到政府和社會重視，部分成果獲中外媒體廣泛報道。研究團隊成員亦積極主動與中國內地、香港和「一帶一路」沿線國家的官員、企業、專業團體、學者交換意見，有關工作也得到了大量的正面回應和支持，不少國際專業諮詢公司、大專院校和政府部門邀請我們進行深入交流。

　　研究項目得以順利推進，如今匯集成書，實有賴各研究團隊成員之無私付出，乃至社會各界翹楚對研究團隊一直以來的

鼎力支持與積極參與，讓我們深受啟發且獲益良多。首先，筆者必須感謝香港特別行政區政府政策創新與統籌辦事處（前中央政策組）策略性公共政策研究資助計劃撥款資助，以及一眾評審人員對研究項目提出不少寶貴回饋意見和建議。其次，筆者非常感謝團隊各成員和研究人員對研究項目的熱忱和努力耕耘，包括博士研究生、學生助理及研究實習生，還有香港城市大學香港持續發展研究中心的各成員和各國際及專業顧問對研究項目提出跨學科、跨地域的洞見；感謝香港城市大學相關學術和行政部門（特別是筆者所屬的公共政策學系），為研究項目提供了堅定的支持和寶貴協助；香港城市大學出版社為本書進行設計、校對和排版等工作；感謝「香港持續發展研究樞紐」及「一帶一路國際樞紐」成員踴躍支持和積極參與我們的工作，尤其是參與研究訪談和問卷調查的業界人士；感謝各地友好的專業團體及學術機構與我們進行不同類型的合作，以及社會各界賢達於我們舉辦的研討會和工作坊中擔任嘉賓和講者。

　　最後，筆者要感謝我們團隊的眾多家庭對我們的工作的包容與支持，加起來一共有多少個挑燈寫作的晚上，或者離家在外調研的日子，才匯聚成這本小書，以及更多的工作記錄和基礎半成品。唯有得到你們的支持，我們才可以創造這些成果，並且可以在今天呈現在讀者面前。我由衷感謝。

導言

「一帶一路」倡議為香港帶來了什麼？

　　如果把目光從對外開放轉向對內的區域發展，可以發現中國對外開放格局不斷深化的同時，中國政府在對內的區域發展方面也先後提出了粵港澳大灣區發展戰略、京津冀協同發展戰略、長江經濟帶建設戰略。對外的「一帶一路」倡議與對內的區域發展戰略共同組成了近年中國內外聯通的發展格局。但是，人們通常從並列的角度看待不同區域、不同領域的發展戰略，自「一帶一路」倡議提出以來，各個區域、省份，甚至許多核心和重要節點城市都在強調參與「一帶一路」，相比這種各自為戰的局面，如果能夠充分發揮各個區域的差異化優勢，通過區域合作實現資源整合，對於「一帶一路」建設乃至各地發展將助益良多。因此，本書嘗試將對外開放和區域發展納入統一的分析框架，在這一視角下審視香港的持續發展和「一帶一路」倡議的持續推進。

　　進入 21 世紀 20 年代，中國大陸和香港均面對持續發展的挑戰。2017 年 3 月，建設粵港澳大灣區納入《政府工作報告》，提出粵港澳深化合作，研究制定粵港澳大灣區城市群發展規劃，發揮港澳的獨特優勢，進一步提升粵港澳大灣區在國家經

濟發展和對外開放中的地位與功能，這也是香港和澳門在 1997
和 1999 年回歸後首次進入國家整體發展戰略規劃，這個發展的
具體意義為何，對全國發展、區域關係以及區域協作機制的作
用，及香港和澳門在國家的角色和定位是否發生了重大變化，
什麼變化，深切理解這些問題是我們的研究的目標。

對於許多香港市民而言，「一帶一路」仍是一個遙遠的概
念，不少社會民調顯示，很多人表示看不到「一帶一路」和自己
的直接關係；同時，感到「一帶一路」對香港經濟領域可能產生
潛在影響的人也在逐漸增加。不少「一帶一路」項目的目標在於
首先促進區域內基礎設施建設及自由貿易的持續增長，再進一
步激發沿線國家及地區的發展潛能，消除貿易壁壘，促進區域
經濟聯通。香港作為全球最大航空港之一，是珠三角地區重要
的空運樞紐，也是世界最大的離岸人民幣中心。香港還擁有世
界領先的基礎設施建設企業，善於進行房地產開發、通訊與能
源設施建設和公共交通建設，不少公司擁有豐富的海外項目施
工經驗。此外，作為亞洲服務業最發達的城市，也是專業服務
最大的輸出者，香港在法律服務、會計、審計和簿記、稅收、
諮詢、管理、電腦資訊、生產技術、工程設計、風景建築、城
市規劃、旅遊服務、公共關係、廣告設計和媒體代理服務、人
才獵頭、市場調查等方面的競爭優勢都非常明顯，「一帶一路」
倡議的實施有望為上述行業提供新的機遇，香港的持續發展與
「一帶一路」的健康推進就此產生了千絲萬縷的聯繫，如何激發
這種創新能動性也就成為值得探索的問題。

「一帶一路」建設中的難題

「一帶一路」倡議提出五年來，雙邊合作取得了許多成果。但是在「一帶一路」建設過程中，自上而下的開發建設模式較為明顯，導致「一帶一路」倡議飽受爭議。尤其是當前的「一帶一路」建設多以中國國有企業為主體，以基礎設施建設為主要內容，這種建設模式一方面充分發揮了中國在基礎設施建設領域的競爭優勢，另一方面也極大改善了沿線發展中國家基礎設施條件差，資源開發能力弱的發展限制。不過這種模式的弊端也很明顯，「一帶一路」建設過程中，一些中國企業以「搞定」東道國政府官員為目標，忽略了公眾利益和當地的環境訴求，許多承建項目的民生福祉效應很低，例如一些新機場、會議中心、板球體育場等基礎設施的使用率很低，或者只是服務於特殊人群，這就很容易滋生助長沿線國家的腐敗現象，從而對「一帶一路」倡議產生了一定的負面影響。

對於「一帶一路」沿線許多國家而言，薄弱的經濟和社會基礎決定了市場的培育、項目的開展都需要一個長期的過程。沿線許多國家的多元化程度極低，許多基礎設施項目的帶動效應不夠明顯，為沿線國家帶來非常大的壓力，經濟的穩定性也會遭受考驗。如果繼續推進「一帶一路」建設和擴大投資，大多數投資只能依賴中方，可能為沿線國家帶來更多的債務，屡弱的財政基礎條件下，要麼將項目的控制權交予中方，要麼使自身陷入沉重的債務危機，這是沿線國家非常擔心的問題，並且有

可能引發世界範圍的地緣競爭和多國博弈，博弈的不確定結果可能會導致相當的政治風險。此外，影響「一帶一路」建設的不利因素還包括：行業標準差異、匯率波動、市場需求下降、法律法規經常變化、外匯管制、融資困難、貿易壁壘、非關稅措施、金融市場和保險市場不發達等。

香港能為「一帶一路」做些什麼？

總而言之，隨着「一帶一路」倡議的全面推進，新的挑戰不斷出現，這種挑戰集中表現在兩個方面：一是對國家軟實力提出了更高要求，二是對國家現代治理體系建設提出了更高要求。而這正是香港所長，香港可以憑藉自身優勢在促進國內制度改革、培植軟實力、提升國際信任等方面為「一帶一路」建設做出貢獻。

近年來，中國內地經濟飛躍發展，但在制度等軟實力方面，內地與其他發達地區的差距依然存在，香港恰好可以在此方面彌補內地的需要。一國兩制下的香港，憑藉自身制度、文化與國際接軌的優勢，完全可以在「一帶一路」建設過程中發揮獨特的策略性作用。

而在具體的「一帶一路」項目中，還會衍生出對法律、會計等專業服務的龐大需求。專業服務對「一帶一路」的持續發展不可或缺，香港在審計、稅務諮詢、公司管制顧問、上市審計、公司融資、諮詢科技支援、簿記及會計、公司秘書、收購合

併、破產處理等方面就具有了用武之地。香港較成熟的社會管理模式、優質的教育和科研資源也可予內地借鑒，香港可在粵港澳大灣區框架下，深化合作先行，建構「一帶一路」軟實力樞紐，幫助後者改善制度建設等軟實力方面的短板。香港亦可通過構建適應「一帶一路」的國際法框架、建立具公信力的新評級體系等金融、會計專業服務直接服務於內地走出去的企業。此外，香港業界還可以成為「一帶一路」項目的直接投資者、運營者，或者與內地的企業聯合「走出去」拓展海外市場。總之，香港很有潛力成為「一帶一路」建設的主要專業服務促進平台。

本書結構

本書從香港視角入手，分為兩篇。第一篇（1 至 4 章）重點在於解構，着重分析「一帶一路」與香港發展的策略關係、粵港澳大灣區的意義等，乃至中小企業的處境和發展。第二篇分兩部份，5 至 9 章強調實踐探索，分析專業界別的創新能動性和限制，探討如何推動香港業界更有效參與和獲益的途徑，以及改善金融及法律制度的一些具體倡議。10 至 11 章研判政府角色，分析政府如何在「一帶一路」倡議下，加快其改革創新進程，並鼓勵青年人參與相關的國家戰略。

「一帶一路」是一個戰略構想，首先需要對「一帶一路」進行一個較為清晰的界定。在實踐中，「一帶一路」建設的主要載體是基礎設施為主的工程開發。第 1 章指出「一帶一路」項目的

本質在於它的準公共產品屬性。既然是準公共產品，就不能完全依據傳統的商業準則來評價「一帶一路」。選擇適宜的「一帶一路」項目時不僅要求具備商業可行性和可持續性，還要求發揮一定的惠民作用，需要滿足特定的社會責任。

對外開放和對內的區域發展並非相互獨立，而是相輔相成。以香港為例，香港與中國內地的關係向來休戚相關，當前亦是如此。第 2 章重點闡述「一帶一路」倡議和香港的相互關聯，文章指出，香港藉着自身的軟實力優勢，一方面可協助中國在走向「一帶一路」時的挑戰，一方面亦可創造更多專業高技術的職位令本地青年從中受益，並藉此再次彰顯香港兩制的優勝之處。因此，「一帶一路」的實踐需要香港，香港的核心制度文化以及社會經濟亦從而得以鞏固發展。

第 3 章綜合討論了對外的開放戰略和對內的區域發展戰略，分析視角從香港一地擴展到粵港澳大灣區，並將粵港澳大灣區和「一帶一路」作為一個整體來探討，明晰指出粵港澳大灣區對「一帶一路」建設的策略性作用。當前許多關於粵港澳大灣區的討論集中在產業佈局、如何打破人、貨、資金自由流動的制度壁壘的議題，在這種氛圍下，當有兩個或以上的城市有相近的產業發展方向，討論氣氛往往便會落在彼此的競爭而非協同發展。與此有所不同的是，我們提供了一個新的思考角度，立足國家的戰略需要，處理好當前發展階段對經濟社會管理轉型以及適應國際法規的新要求，依此分析路徑，便不至於過多側重當下的產業分工，而忽略了粵港澳大灣區潛在的更深層戰略意義。

　　作為粵港澳大灣區的另一主體，中小型民營企業向來是構成該區域經濟和社會發展體系的重要部分。參與「一帶一路」建設的中國企業既包括國有企業，也包括民營企業，不同所有制類型企業的行為方式存在很大差異。隨着「一帶一路」的推進，需要充分調動民營企業的積極參與。第 4 章基於課題組對順德營商環境和民營企業的調研，指出了在未來如何更好發揮民營企業作用，如何為中小型民營企業創造更好的政策環境，這也是粵港澳大灣區能否切實發揮策略性作用的關鍵。

　　在具體的專業界別領域，第 5 章針對香港社會對「一帶一路」的「官熱民冷」現象，開展了對香港會計業的專業調查，結果表明：雖然多數會計師覺得「一帶一路」重要，但同時卻也不確定業界具體可以做些什麼去參與其中，香港專業界別參與「一帶一路」的關鍵還在於「脫虛入實」。但是受「一帶一路」沿線不同國家和地區行業標準、監管規則以及管理體制差異的影響，如何進一步促進香港專業服務界別向着分工細化的方向發展，這還需要理清香港專業服務在「一帶一路」建設過程中所要具體承擔的功能，特別是與其他地區、其他產業領域的功能差異，對其在不同階段、不同地區和專業領域的屬性進行科學分類，據此找準發力點和準確定位，助推香港專業服務整體向高增值環節轉型。第 6 章講述了發展「一帶一路」債券市場的必要性，並從信用評級角度提出了解決方案，特別是建議亞投行在香港設立獨立的信用評級機構，以促進「一帶一路」債券市場的發展。第 7 章立足香港既有優勢，提出一種新的投融資模型，以更好的滿足「一帶一路」項目的資金需求。「一帶一路」項目

大多投資巨大，建設週期較長，許多大型項目建設多是依靠沿線國家主權信用獲得的融資，這就很可能增加沿線國家的債務風險。隨着愈來愈多的大型跨境項目推進，國際輿論對「一帶一路」的質疑也愈來愈多。由中國資本主導的「一帶一路」項目投入大、風險高，因此經常給外界一種必然虧本的印象，導致私人投資者一般都不願意參與其中。至於傳統的國際金融機構組織一直都是由歐、美、日為主導（普遍的說法是歐洲主導國際貨幣基金組織、日本主導亞開行、美國主導世界銀行），它們對於中國宣導的「一帶一路」興趣不大。而由中國發起的亞洲基礎設施投資銀行，則仍處於起步階段，暫時仍未有足夠條件為亞洲跨境基礎建設項目提供適切的融資平台。在這種情況下，具備更寬廣國際視野的香港，將能在「一帶一路」項目的投融資方面扮演更加重要的角色。

除了金融體系，健全的法律和法治文化也是香港的核心優勢之一。第 8 章指出，多數與「一帶一路」倡議有關的潛在法律爭議將會來自欠發達的「一帶一路」沿線國家，因此香港應該增加來自這些國家的律師事務所的數量，以加強對與「一帶一路」國家商業交易的法律服務支援，文章亦提出了具體的相關政策建議。第 9 章討論了在粵港澳大灣區建立有效調解制度的可能性和具體路徑，從而為「一帶一路」倡議下的爭議解決提供了更進一步的方案。

既然香港在「一帶一路」中的角色部份體現在粵港澳大灣區的協同發展上，我們怎樣可以鼓勵香港青年作更多的參與呢？第 10 章借鑒自我決定理論指出，香港青年普遍具備基本思

考能力和意願，他們會從自身利益角度計劃其事業發展，選擇適合自己生活需要、技能專長和個人志趣的工作。政策制定者應着眼於提升參與動機，不宜基於對香港青年的過多猜想和前設，而嘗試以經濟誘因或身份認同向香港青年「硬銷」粵港澳大灣區。

最後，「一帶一路」作為一項準公共產品，政府的作用不可缺少，但是政府的介入往往是「雙刃劍」，容易導致企業在對外投資時偏離沿線國家發展實際，或者過於注重服務政治目標，忽略沿線國家民眾的真正訴求。因此，必須更好的處理政府和企業之間關係，第 11 章系統分析了內地政府如何更好的助力「一帶一路」，同時亦指出了政府該注意避免的通病。

總而言之，本書致力於在「一帶一路」視角下審視香港的角色和策略性作用。無論從硬體還是軟體來看，香港都具備了承擔「一帶一路」國際化、專業化服務中心角色的實力。香港和大陸要從構建合作新空間的角度，通過與粵港澳大灣區合作先行，建構「一帶一路」軟實力樞紐，發揮香港這一國際城市在全球治理體系中的優勢，促使中國大陸進一步提高軟實力，在專業服務、司法、體制機制、社會治理等領域繼續創新，擴展粵港澳之間的分工協作空間，探索更加均衡的發展模式，最終實現對內改革發展和對外開放的策略融合。

李芝蘭

香港城市大學

香港持續發展研究中心總監

2019 年 7 月 1 日

第一篇
解　構

第 1 章

何謂「一帶一路」？

李芝蘭　姬超　陳浩文

　　2013 年 9 月，中國提出了「一帶一路」倡議，旨在與全世界一起建設蘊含政治互信、經濟融合、文化包容的利益共同體、命運共同體和責任共同體。[1] 倡議提出以來，來自「一帶一路」沿線國家內部和國際輿論的爭議時有發生，包括圍繞「一帶一路」建設產生的利益分配、成本分攤，以及隨之而來的債務、勞工、環境、腐敗治理、土地管理等等，一系列問題日益困擾「一帶一路」項目的持續推進。這些爭議包含三方面的質疑：

1. 「一帶一路」建設是否旨在便利中國轉移國內過剩產能，忽略了沿線國家的產業發展需求（秦曉，2014）
2. 中國借助基礎設施建設輸出中國發展模式（王義桅，2018），忽略了沿線國家的經濟發展階段；
3. 「一帶一路」是否為中國地緣擴張戰略服務（宋瑞琛，2017）。

　　我們認為，「一帶一路」項目的本質在於它的準公共產品屬性。既然是準公共產品，就不能完全依據傳統的商業準則來評價「一帶一路」項目，中國與「一帶一路」沿線國家的經貿活動

---

1. 詳細內容可參考國家發展改革委、外交部、商務部 2015 年 3 月 28 日聯合發佈的《推動共建絲綢之路經濟帶和 21 世紀海上絲綢之路的願景與行動》。

也並非都是「一帶一路」項目，更不能因為政府在項目建設過程中發揮作用就質疑「一帶一路」項目的合理性。考慮到「一帶一路」建設的長期性和動態性，在沿線國家開展工程時必須要考慮項目對當地產業的帶動效應，這既是跨境工程投資決策時的重要原則依據，也是沿線國家持續發展的要求。通過這種視角，可以更好的回應上述爭議，可以更有針對性的探索「一帶一路」項目的適宜方式。

如何界定「一帶一路」項目

一、「一帶一路」的範圍

「一帶一路」源於歷史上連接亞洲、歐洲、非洲的絲綢之路商業貿易路線，狹義的「一帶一路」主要是從地理空間的維度來看，涵蓋了「絲綢之路經濟帶」和「21世紀海上絲綢之路」兩條線路上至少65個國家，即通常所說的「一帶一路」國家。從歷史上來看，絲綢之路古老滄桑，交通條件艱苦，自然環境惡劣，但是沿線國家之間的政治、經濟、文化交流從未中斷。如今，沿線國家的交流合作具有了更好的條件。沿線國家在經濟發展水準、產業結構、資源稟賦、文化制度等方面彼此存在廣泛差異，而合作的基礎恰恰在於差異性，因而「一帶一路」沿線國家之間的協同發展空間很大。

從經濟規模上來看，「一帶一路」沿線既有 GDP 少於 100 億美元的，諸如東帝汶、不丹、吉布提、馬爾代夫、黑山、吉爾吉斯、摩爾多瓦、塔吉克等國家，也不乏 GDP 超過 1 萬億美元的，包括印尼、土耳其、俄羅斯、中國等國家；從發展水準來看，各地發展層次性突出，梯度發展態勢鮮明。根據世界經濟論壇的分類標準，我們將「一帶一路」國家劃分為 5 個類型，按照人均 GDP 從低到高依次為「要素驅動階段」、「效率驅動階段」、「創新驅動階段」以及中間的兩個轉型階段（表 1.1）。當前，每個階段的國家數量都在 10 個以上，為不同形式的分工協作和產業梯度轉移提供了條件，包括垂直層面的產品間和產業間分工，和水準層面的產品內分工。

超越地理概念，廣義的「一帶一路」並不局限於沿線的 65 個國家。如果按照古代絲綢之路的範圍來看，多數非洲國家並不在其中（只有個別東非沿海國家），但是截至 2017 年，多個標誌性的「一帶一路」項目均在非洲，如中國在吉布提的港口和自貿區項目、埃塞俄比亞的亞吉鐵路、肯亞的內馬鐵路等等。目前，「一帶一路」倡議也已經得到世界上百多個國家和國際組織的回應和支援，中國先後和沿線國家簽訂了近 50 份政府間合作協定以及 70 多份與包括一些國際組織在內的部門之間的合作協定（中國發改委，2017）。中國政府也多次強調，「一帶一路」是經濟合作倡議，是開放包容進程，不是搞地緣政治聯盟或軍事同盟，不是要關起門來搞小圈子或者「中國俱樂部」，不以意識形態劃界，不搞零和遊戲。

表 1.1 「一帶一路」沿線國家發展階段分類

發展階段		國家
1	要素驅動 人均 GDP <2,000 美元	東帝汶、柬埔寨、老撾、緬甸、莫爾多瓦、阿富汗、巴基斯坦、孟加拉、尼泊爾、敍利亞、也門、吉爾吉斯、塔吉克、烏茲別克，印度 (15 個國家)
2	要素驅動向 效率驅動轉型 人均 GDP (2,000–2,999 美元)	蒙古、菲律賓、汶萊、越南、亞塞拜疆、俄羅斯、烏克蘭、不丹、科威特、哈薩克 (10 個國家)
3	效率驅動 人均 GDP (3,000–8,999 美元)	中國、泰國、印尼、白俄羅斯、格魯吉亞、亞美尼亞、斯里蘭卡、伊拉克、伊朗、約旦、阿爾巴尼亞、保加利亞、波士尼亞赫塞哥維納、黑山、羅馬尼亞、馬其頓、塞爾維亞、土庫曼 (18 個國家)
4	效率驅動向 創新驅動轉型 人均 GDP (9,000–17,000 美元)	馬來西亞、馬爾代夫、阿曼、黎巴嫩、沙地阿拉伯、土耳其、波蘭、克羅地亞、拉脫維亞、立陶宛、斯洛伐克、匈牙利 (12 個國家)
5	創新驅動 人均 GDP >17,000 美元	新加坡、阿聯酋、巴林、卡塔爾、塞浦路斯、希臘、以色列、愛沙尼亞、捷克、斯洛文尼亞 (10 個國家)

(注：根據世界經濟論壇發展階段劃分標準進行分類，以 2016 年資料為準。[2])

二、「一帶一路」項目的準公共產品屬性

　　「一帶一路」倡議的開放性和包容性非常強，但是並非所有的沿線項目都可以視為「一帶一路」項目。例如有些中國企業在

---

2. 詳細內容可參考世界經濟論壇發佈的《全球競爭力報告》（*The Global Competitiveness Report 2017–2018*）。

沿線國家投資的房地產、酒店、影城、娛樂業等項目就不是「一帶一路」項目。如果中國在沿線國家的所有經貿活動都是「一帶一路」項目，所有在沿線國家開展業務的企業都可以視為「一帶一路」企業，那麼「一帶一路」倡議與傳統的企業「走出去」也就沒有什麼區別了。當前，無論是在學術界還是商界，甚至是在政策制定層面，對「一帶一路」項目的概念界定都較為模糊，且不統一。這為一些企業通過炒作「一帶一路」概念獲取國家優惠政策創造了條件。一般認為，「一帶一路」項目主要指的是基礎設施、能源、電力、高端製造（高鐵、核電、衛星）等領域的沿線項目。也有論者指出，資訊科技、電子商務、國際經貿合作園區、自貿區建設等領域的沿線項目也是「一帶一路」項目。項目涉及產業方面，除了「硬」項目之外，也有如文化交流、教育、醫療等「軟」項目。諸如此類，最終，凡是能夠發揮政策溝通、設施聯通、貿易暢通、資金融通、民心相通作用的跨境項目都被納入「一帶一路」框架（柯銀斌，2018）。這樣的界定雖然很體現包容性，卻也太寬泛。

　　本章認為「一帶一路」項目的本質是它屬於一項準公共產品。「一帶一路」倡議旨在與全世界一道重建世界平衡體系，提高政治互信、協同經濟和文化包容，這決定了「一帶一路」項目應當具有「準公共產品」的性質。即「一帶一路」項目不僅要具備商業可行性和可持續性，還要具備惠民意義，滿足特定的社會責任，這決定了「一帶一路」項目建設過程中需要堅持下述三個原則：

一是在項目開發上須以合作共建方式進行——「共商、共建、共用」是「一帶一路」倡議的基本原則,「一帶一路」項目因此須堅持合作共建的開發方式,這種合作可以包括中國政府、企業、社會組織等主體和東道國政府、企業、社會組織等主體之間的合作,同時對世界其他國家的各類型主體參與保持開放,甚至不必有中國企業的參與;

　　二是能夠產生產業發展的帶動效應——「一帶一路」項目,尤其是一些重大的基礎設施工程,項目投資巨大,建設週期較長,標桿示範意義重大,但也容易導致項目過分追求大而全,忽略了項目的產業帶動效應。如果產業發展沒有跟上,由於這些項目多是依靠國家主權信用獲得的融資,就會增加沿線國家的債務風險。因此「一帶一路」項目還要着眼於沿線國家實際,從長遠發展角度考慮,重視項目對產業發展的帶動效應;

　　三是堅持全球價值鏈標準建設——「一帶一路」項目的目標是推動全球經濟治理體系的再平衡和向前發展,重心在於提升發展中國家之間的合作,亦歡迎發達國家加入和擔當角色。因此,「一帶一路」項目必須是開放的、透明的、國際化的,這意味着項目價值鏈的全球化。項目價值鏈的全球化一方面包括項目採購的全球化,全世界範圍的企業都可以在此產業鏈條上進行競爭與合作,另一方面要求「一帶一路」項目必須考慮沿線國家發展實際,兼顧項目品質和沿線國家公平參與,在行業規

則、技術標準、法律監管等方面做好平衡,建立適應性的標準
體系,實現項目的可持續發展。

「一帶一路」項目的主要特徵

通過上述界定可以看到,「一帶一路」項目的主要目標在於
搭建基礎性的合作發展框架和平台,和其他項目一起協作,共
同帶動當地產業體系的發展。為了實現這些目標,「一帶一路」
項目在實施過程中首先選擇了港口、機場、鐵路、公路、電
力、通訊、能源等公共領域。在過去的五年當中,能源、交通
和公用事業部門在「一帶一路」項目的比重接近80%,合作共
建為項目的主要建設方式。具體的,當前「一帶一路」項目的主
要特徵體現在三個方面:

1. 項目以大型基礎設施建設為主;
2. 項目多以合作共建方式完成,但早期的項目多由中國國
   有企業主導;
3 政府的作用非常突出。「一帶一路」項目多由國家部委
   牽頭,與一些同中國關係較好的國家達成合作意向,在
   此基礎上由中國國有企業與該國政府簽訂具體協定。

一、為何以基礎設施項目為主？

　　「一帶一路」沿線多數國家的基礎設施條件非常差，由於投資規模大、建設週期長、利潤回報低，私營資本多不願進入該領域。加上沿線國家的財政基礎普遍較弱，基礎設施因而成為長期以來制約沿線國家經濟發展的關鍵因素，也是沿線多數國家當前需求最為迫切，最需要外部資金投入的領域。中國在「一帶一路」沿線國家的基建項目，首先是直接擴大了沿線國家的市場需求，帶動了沿線國家的就業增長。其次，與交通基礎設施配套建設的產業園區、商業孵化器、綜合物流等項目，進一步輻射帶動了周邊區域功能的完善，能夠推動當地產業和城市的綜合發展。再次，基建項目的深遠影響還在於優化了沿線國家的投資和貿易環境，擴大了沿線國家的要素流通範圍，提高了要素的流通速度，從而能夠吸引更多企業集聚，激發新一輪的生產和投資熱情。最終，通過基礎設施項目建設可以形成要素相互促進、循環累積的正向互動機制，促進沿線國家的經濟發展。意味着「一帶一路」項目的成果是普惠式的，和中國的關聯度日後或會逐步降低。

二、為何要以合作共建方式完成？

　　作為準公共產品，許多「一帶一路」項目的投資規模較大及建設週期長，單個國家、單個企業難以獨立承擔。根據 2017 首屆亞太資管高峰論壇上發佈的《2017 年亞太資產管理發展趨

勢與展望》報告，2017 年至 2020 年間，「一帶一路」沿線國家累計基礎設施投資總額將達到 5.2 萬億到 7.3 萬億美元，年均投資額為 1.3 萬億到 1.8 萬億美元，目前的年資金缺口已達 8,000 億美元，合作共建因而是建設「一帶一路」項目，解決資金缺口的較優選擇。不同的合建方可以使用不同形式促進項目的多面發展。例如，早期對沿線國家投資的中國企業主要是大型國有企業，國有企業借助雙邊政府協議，率先搭建沿線國家招商引資的平台，例如建設的工業園區可以助推更多企業以企業聯合體的形式一起「走出去」。根據安永會計師事務所（2018）的研究報告，「一帶一路」倡議自 2013 年提出以來，國有企業參與的「一帶一路」項目達 858 億美元（125 宗），其中央企佔約 52%（448 億美元，47 宗）。同時，民營企業在「一帶一路」上的影響力亦日增，參與的「一帶一路」項目達 456 億美元（103 宗），數量上已經與國有企業相若。另外，根據國家資訊中心（2017）發佈的《「一帶一路」大數據報告（2017）》，在「一帶一路」沿線國家的影響力排名前 50 名的企業中，民營企業佔 42%，央企和地方國企分別佔 36% 和 20%。

三、為何需要發揮政府的引導作用？

當前，「一帶一路」沿線多數國家的營商環境較脆弱，包括基礎設施條件、政策體制、管理和環境風險、經濟和政治形勢等，要改變這些現狀需要政策的協調以及公、私營不同部門的

積極互動，政府的居中引導角色不可或缺。因此，「一帶一路」項目多由國家部委牽頭，與一些同中國關係較好的國家達成合作意向，在此基礎上由中國企業與該國政府簽訂投資協議，然後具體推行。

作為一項準公共產品，政府在「一帶一路」項目中的作用非常關鍵，如何處理好政府和企業之間的關係因而也較於一般商業項目更為重要。如果缺少了政府的角色，「一帶一路」項目和傳統的對外投資項目也將沒有差別；同樣的，如果缺少了商業可行性的考量，「一帶一路」項目和傳統的國際援助也將沒有差別。而恰恰在發展中國家，通過純粹的市場化或人道主義的對外援助項目來實現經濟社會發展已經證明並不足夠。將兩者結合，充分發揮政府和市場的各自優勢，實現各個主體的協同作用，是「一帶一路」項目成功的關鍵。

「一帶一路」項目的實現形式

「一帶一路」倡議從理念走向行動的過程中，參與項目建設的主體類型多種多樣，沿線國家的產業結構、勞動力成本、投資和貿易環境、技術水準、文化制度、發展模式等方面也多有不同，決定了「一帶一路」項目實現形式的多樣性。從項目投資的具體方式來看，「一帶一路」項目的主要實現形式可以分為對外直接投資和對外承包工程兩大類型。

一、對外直接投資

對外直接投資是指一國企業、團體在國外以現金、實物、無形資產等方式投資，並實現經營管理為核心的經濟活動。「一帶一路」倡議實施五年來，中國企業對「一帶一路」沿線地區直接投資超過 700 億美元，直接投資存量超過 1,300 億美元，佔中國對外直接投資存量總額由 1.60% 上升到了 9.50%。從對外投資的區域分佈來看，2014 年至 2018 年上半年，東南亞國家佔比接近一半，其次是西亞、非洲和南亞的比重也達三分之一。

按照企業與國外實體之間是否產生股權關係，又可以將中國對「一帶一路」沿線國家的直接投資劃分為綠地投資和跨國並購。[3] 作為對外直接投資的主體，企業選擇何種海外業務模式與企業自身條件密切相關。有分析指出，以物質資本投資為主的企業適宜採取綠地投資的方式，以人力資本投資為主的企業適宜採取跨國並購方式 (Elango B., Fried V. H., Hisrich R. D., 2005)；另外，生產率越高、資本越密集和規模越大的企業越適宜選擇跨國並購的投資方式，出口越多的企業則適宜選擇綠地投資的方式，技術密度越高和流動資產比重越高的企業也越適宜選擇跨國並購的投資方式 (蔣冠宏、蔣殿春，2017)。也有分析認為市場競爭很強或很弱的產業適宜綠地投資，市場競爭程度處於中間的產業應以跨國並購為主 (Thomas Müller, 2001)。綜合

---

3. 綠地投資又稱創建投資或新建投資，是指跨國公司等投資主體在東道國境內依照東道國的法律設置的部分或全部資產所有權歸外國投資者所有的企業。綠地投資有兩種形式：一是建立國際獨資企業，其形式有國外分公司，國外子公司和國外避稅地公司；二是建立國際合資企業，其形式有股權式合資企業和契約式合資企業。

來說，外國企業在對沿線國家進行投資時，如果選擇在較為發達的沿線國家投資，投資方式則應以並購為主；如果選擇在不那麼發達的沿線國家投資，例如資源密集型和勞動力密集型地區，投資方式則應以綠地投資為主。

二、對外承包工程

　　對外承包工程指的是企業通過投標、議標、接受詢價和委託等多種方式，按照一定條件同其他國家簽訂建設合同並據以組織施工的項目。在「一帶一路」沿線國家，該類型項目的資本投入方式以融資為主，[4] 融資管道包括亞投行、絲路基金等各類政策性金融機構。項目領域涵蓋公路、鐵路、港口、機場、通訊、城市軌道等一系列基礎設施項目，同時也包括自貿區、產業園區、商業孵化器、綜合物流等多項配套服務設施。從總量來看，中國企業在「一帶一路」沿線國家的工程承包佔中國對外承包工程總量近半，2013 至 2017 年的承包項目近 2,000 個，合同額共計 3,629.9 億美元，完成營業額共計 2,307.6 億美元，分別佔同期總額的 50.5% 和 47.9%。目前中國與沿線國家已建設八十多個境外經貿合作區，創造了 24.4 萬個就業崗位。[5] 與對外直接投資相比，工程承包的「一次性」特徵較為明

---

4. 詳細內容可參考牛津經濟研究院發佈的研究報告《一帶一路五年來牽引力增強》．http://wemedia.ifeng.com/73462685/wemedia.shtml.

5. 詳見人民政協網。《一帶一路五年成就輝煌》。www.rmzxb.com.cn/c/2018-08-21/2147364.shtml.

顯，導致對外承包工程類企業紮根當地進行長期運營的動力較低，對項目建成後能否獲得營運收入，以及能否帶動當地產業發展的重視程度不夠。這就需要「一帶一路」項目對外承包時，繼續探索多樣化的合作方式，構建對外承包工程企業與沿線國家發展的利益兼容機制。

結語

本章集中討論了「一帶一路」項目的內在屬性。作為一項準公共產品，各類主體的合作共建對項目的有效設計和執行非常關鍵，能否帶動沿線國家的產業以至社會發展是項目成功的核心指標。政府的角色不可缺少，但是政府的介入往往是把「雙刃劍」。「一帶一路」項目推進過程中，中國最常用的方法就是領導訪問→政府間搭建合作框架→把相關企業然納入合作框架（主要是國有企業），這在某種程度上相當於政府為企業做行銷，容易導致企業（尤其是國有企業）在對外投資時偏離沿線國家發展實際，忽略沿線國家民眾的一些具體訴求，譬如項目對地方社區的環境和就業影響。因此，如何更好的處理政府和企業之間關係是「一帶一路」項目健康推進的首要問題。其次，「一帶一路」的主要目的在於搭建合作平台，吸引帶動更多的企業、社會組織等各類主體參與進來，那麼如何才能讓更多的國家、更多的主體參與其中，發揮各自優勢？第三，「一帶一路」項目以基礎設施建設為主，建設週期較長，投入規模較大，因

此項目建設必須考慮沿線國家實際情況，分階段、有重點的逐步推進，急劇的擴張很可能使沿線國家產生沉重的債務負擔。行穩方能致遠，其中的「穩」指的就是項目建設與當地產業發展的良性互動，這就需要繼續探索多樣化的、適應發展中國家的基礎設施建設方式。

第 2 章

「一帶一路」和香港有關係嗎？[1]

李芝蘭

　　「一帶一路」在香港是個頗具爭議的題目，全國人大委員長張德江 2016 年 5 月來港出席高峰論壇時提出香港參與「一帶一路」具有四項獨特優勢，[2] 呼籲香港人要把握機遇，但中文大學在張德江訪港一個月後公佈民調結果，67% 的香港市民認為「一帶一路」對於家庭的經濟狀況不會有實質影響。[3] 我和城市大學一個多學科團隊同事進行的一項面向專業的會計界人士調查亦顯示，即使是專業人士亦往往感到迷茫，不知道可以怎樣具體從「一帶一路」中發掘新的機遇。這些研究訊息多少反映出市民的感覺，即「一帶一路」和香港關係不大，或關係不清，不理解。

　　香港參與「一帶一路」面臨兩大難題：一是「一帶一路」乃國家宏觀發展策略，政策目標和範圍在不斷發展中，導致人們一時間難以掌握重點；二是香港社會內部自身也未有就着我們

1. 原文收錄於葉健民編（2017）。《特區管治的挑戰》。香港城市大學出版社。

2. 這四項優勢包括「為建設提供專業配套服務」、「推動人民幣國際化投融資平台建設」、「加強與沿線國家文教合作」以及「深化與內地合作」，參見〈港助一帶一路中央四支持張德江指港 4 項優勢〉。《明報》。2016 年 5 月 19 日。

3. 中大香港亞太研究所〈較多市民同意一帶一路有助香港經濟；但認為對個人和家庭經濟幫助不大〉。2016 年 6 月 6 日。www.cpr.cuhk.edu.hk/tc/press_detail.php?id=2278

在「一帶一路」中可以擔當的角色進行充分的討論，遑論達致共識。「一帶一路」是中央政府在新國際形勢下提出的策略發展方向，香港的優良制度以及國際化社會構成恰恰可以在此策略的實踐過程中發揮重要作用，「一帶一路」正為香港提供了一個歷史契機，再次展示我們一國兩制憲制下法治獨立、多元開放、資訊自由、崇尚操守等等的優勢，香港這「第二制」將成為中央政府落實「一帶一路」的堅實夥伴之餘，香港市民珍惜的核心價值和基本制度亦會因而得以進一步發展和鞏固。但如何在上述的內外挑戰情況下將香港的潛力悉數發揮，將是當前香港社會面臨的一個重大管治難題，事關一國兩制的前路，值得我們靜下心來好好分析。

下文先從「一帶一路」倡議的來由說起，指出經過五年的發展和討論，目前對「一帶一路」關鍵項目的認識已逐步從最初的大型跨國基建投資擴展到文化互通。從國家策略的角度看，推動「一帶一路」的初衷並非「走出去」的擴大版，而是要建構與新的國家發展階段相適應的國際合作形態和相應的能力。在這個基礎上，我將分析香港如何可以有效參與「一帶一路」，並提出一些方向為例子，成為建構「一帶一路」軟實力的基地或樞紐，將彰顯香港的制度對香港持續發展和國家新階段發展的策略作用，達致多贏的客觀效果。

「一帶一路」來由——大國發展之路

「一帶一路」是陸上「絲綢之路經濟帶」以及「廿一世紀海上絲綢之路」的簡稱，最早由中國國家主席習近平在 2013 年訪問哈薩克和印尼時提出。外界對於「一帶一路」說法的理解莫衷一是，例如「一帶一路」到底是指多少個國家呢？一說是指沿線六十多個國家（最初有說是四十餘個國家），二說是應包括沿線周邊的相關國家（例如英國、澳洲等等），三說是只要願意參與的國家都可以算進「一帶一路」之內。[4] 此外，對於「一帶一路」的目的也有不同看法，有的人認為中國藉此要輸出過剩產能、有的認為是藉此開拓新市場，另有人認為是抗衡美國重返亞太的圍堵策略。由於「一帶一路」思路提出初期的討論主要圍繞中國經濟及發展策略需要展開，一些國際智庫的分析隨即指出，「一帶一路」思路進取並強調中國需要的取態，容易引起各國猜忌。而為了更清晰指出「一帶一路」的目的，國家發展改革委員會、外交部、商務部在 2015 年 3 月聯合發佈了《推動共建絲綢之路經濟帶和 21 世紀海上絲綢之路的願景與行動》（以下簡稱為《願景與行動》），嘗試更具體勾勒「一帶一路」的「五通願景」：政策溝通（各國政府間合作、達致政策協調）、設施聯通（整合地區建設、實現設施聯通；建設跨國大型基建項目）、貿易暢通

---

4. 此說法最常引用的是習近平 2014 年 6 月 5 日出席中阿合作論壇第六屆部長級會議的講法，指出：「一帶一路」是開放包容的經濟合作倡議，不限國別範圍，不是一個實體，不搞封閉機制，有意願的國家和經濟體均可參與進來，成為「一帶一路」的支持者、建設者和受益者。詳細內容可參見王敬文〈習近平提戰略構想：一帶一路打開築夢空間〉《中國經濟網》。2014 年 8 月 11 日。

（促進跨境投資及供應鏈合作、資金融通（加強貨幣政策協調及
雙邊金融合作）、民心相通（促進文化交流及人文共融）。這份
《願景與行動》實際上希望向全球展示，中國期待透過平等互利
的共同投資和交流來實踐「合作共贏」的新型國際關係。中國自
改革開放後奉行「善於守拙、絕不當頭」的外交原則，期以留有
足夠空間促進自身尤其是國民經濟的發展。這策略如今看來相
當成功，近 30 年來中國國內生產總值（Gross Domestic Product,
GDP）持續高幅增長，並在 2010 年超越了日本成為僅次於美
國的全球第二大經濟實體，在國力提升下政府亦漸漸重視在國
際平台上有所作為，陸續恢復參與或加入各種國際組織，[5] 可以
說，中國提出「一帶一路」的發展策略其實符合一個大國的發展
過程。然而中國綜合國力起飛的同時也突顯國際形象的落差，
根據皮尤國際研究所一項調查指出，在受訪 16 個國家民眾當
中，只有希臘以及澳洲有過半數民眾表示對中國有好感，其餘
國家的好感比率只介乎一成一至四成多。[6] 在國際形象欠佳的情
況下，不少討論亦把「一帶一路」形容為中國向外輸出產力、剝
奪別國資源乃至是新帝國侵略主義。事實是，中國近年多個海

---

5. 由 80 年代起，中國先後恢復了在國際貨幣基金組織的代表權、世界銀行的席位；
加入成為聯合國國際貿易法委員會正式成員；參加了國際清算銀行；加入亞洲開發
銀行；加入 APEC；並在 2001 年完成加入世貿的談判，然後再與東盟等簽署多項雙
邊貿易協定，詳見蔡鵬鴻〈變動中的國際組織與中國的和平崛起〉（2004）。《世界
經濟研究》（北京）。10 期，頁 37。

6. 其餘國家還包括：日本（11%）、西班牙（28%）、德國（28%）、印度（31%）、波
蘭（37%）、意大利（32%）、瑞典（37%）和法國（33%）。2017 年 4 月 10 日。皮
尤網站：www.pewglobal.org/database/indicator/24/survey/18/

外項目的發展並不如意，例如緬甸的密松水庫項目停工、委內瑞拉高鐵因為政治亂局而中止、美國西部快線公司撤銷與中國中鐵合作興建高鐵、乃至西伯利亞天然氣管道項目一拖再拖等等，無論是否對方理虧，國際評論似乎一面倒以負面角度指向中國。

「一帶一路」彰顯香港「兩制」優勢

中央政府似乎亦已意識到國際形象落差這個問題，2016 年底發出《關於加強一帶一路軟力量建設的指導意見》，希望能夠加強國際傳播能力建設、為「一帶一路」提供理論支撐、輿論支援以及文化條件。所謂的「軟實力」，即是一個國家的文化、意識形態，以及價值觀等範疇的發展，這是一個相對於軍事以及經濟力量等「硬實力」的概念 (Joseph S. Nye, Jr., 2002, 2004)。一個國家用強制手段或利益交換爭取回來的支持不會長久，成本也高；但如果贏得他國從心底的認可，便有機會獲對方自願協調和開展長期合作，這樣的合作關係不單較牢固也更持久。而中國大陸在「軟實力」方面的軟肋，正是香港的強項。

香港由小漁村發展成傲視全球的東方之珠，除了獨特的歷史條件以及地理優勢之外，更關鍵的是滲透在香港社會各層面操作的優良傳統、核心價值及制度文化（如尊重人權，包容多元、自由平等、法治等）。在改革開放之初，香港是外商通往中國大陸市場，以及內地通往海外市場的重要「視窗」、「跳板」

和「導航」，在「一帶一路」新形勢下，香港的作用將會大為加強，近年中國大陸透過香港設立境外人民幣資金池、推進人民幣國際化、股票滬港通、深港通乃至 2017 年落實的債券通 (Bond Connect)，無一不是香港現實上已經在發揮關鍵樞紐角色的例證。更重要的是，香港的既有制度可以在下列一些方面發揮更多的具體作用，既可促進「一帶一路」的推進又有利香港社會制度和經濟的持續發展，需要我們予以更多重視並實行。

香港在「一帶一路」中可以發揮何種作用

一、構建適應「一帶一路」的國際法框架

　　「一帶一路」沿線以及周邊國家不少法制仍不健全，隨着「一帶一路」項目推進，可以預見中國與該等國家的合約糾紛將會愈來愈多，中國在國際法的經驗尚不足以應對「一帶一路」即將帶來的新要求，香港的優越司法體制正可補足這方面的短板。香港早在 1985 年設立了香港國際仲裁中心處理跨國的商業糾紛，根據倫敦大學 2015 年的調查，在全球國際商界人士眼中香港是亞洲地區中最受歡迎的仲裁中心，在全球僅次於倫敦和巴黎而位列第三。中國以香港為基地發展及完善「一帶一路」的仲裁體系，不但可以保障中國企業在海外項目的法律權益，中國和香港也可藉此更積極參與構建國際規則，體現國際責任的承擔。

二、建立具公信力的新評級體系

金融海嘯後各國更重視信貸評級機構的作用，亦加強了相關監管。中國境內亦已設立多家具規模的評級機構，但由於成立歷史尚短，仍未充分得到國際投資者認可。繼滬港通以及深港通後，港交所與內地落實債券通的具體細節，務求讓海外（包括香港）投資者可以透過香港投資內地債券市場和讓內地投資者參與外國債券市場，國際社會對信用評級的需求會大增，內地信用評級機構可趁這機會在香港設立辦事處，多了解國際客戶的需求，從而改善信貸評級服務。香港也需要培養更多本地評級人才，支援信用評級服務的高速發展。「一帶一路」相關的政府和企業將來都可能在香港發債，這新的國際債券市場可能需要成立一個跨國性的信貸評級機構，它會熟悉「一帶一路」相關國家的國情和營商環境，為國際投資者提供中肯的信貸評級。

三、建立和擴展國際資金認可的交易平台

根據亞洲開發銀行以及經濟學人等機構的推算，亞洲由2010 年至 2020 年的十年間合共需要投入 8 萬億美元作基礎建設，資金缺口極大。在這情況下，資金進出自由、交易法則健全、資訊完全流通的香港將可以成為「一帶一路」項目尋求國際商業融資的平台，日後中國企業可以在香港為項目引入國外的主權基金、私募基金或其他私人投資者，多元化的股權分佈有利減少執行過程中不必要的阻力。透過香港這個金融平台，既

方便了「一帶一路」項目募集多元化的資金，也為外資參與「一帶一路」提供了管道，落實「共商、共建、共用」項目的理念。

四、提高項目設計和全流程風險管理的質素

　　進行複雜的大型項目，需要嚴謹的技術及風險管理能力。諸如前期可行性評估和建設過程監督的表現均足以影響項目的成敗。中國企業聚焦工程進度而相對輕視項目對周遭人文及生態環境影響的形象，往往不利項目在當地順利執行，遑論達到原擬的社會效益。全國人大委員長張德江曾舉例指出尼泊爾2015年大地震，當時首都加德滿都大量房屋倒塌，唯獨由香港工程師監理的援建建築（當中包括尼泊爾國家武警學院）絲毫無損，引證香港的項目管理質素，如果中國建造的速度加上香港管理的嚴謹，項目執行效果將相得益彰。此外，香港的公益類非政府組織在發展中國家設有許多社區項目，中國企業如邀請它們負責處理涉及居民及環境的事宜，將有助改善企業與當地居民的關係。科學的項目決策過程管理包括嚴謹的事前可行性研究、良好的全方位項目設計、精細的執行，以及人性化與原則性兼備的管理策略和溝通能力。這些都要求多個不同專業參與和共同協作，除了上述已有提及的金融財經和法律專業，此外如工程建設和監督、標準驗證、教育、社區管理、第三部門、公共管理、媒體公關等香港均很發達的各個專業服務界，應該都可發揮很重要的功能。

　　近年香港社會有一種討論，一國下的「兩制」似在日漸失色，原因是香港對整體中國經濟的貢獻愈趨下降 。[7] 但客觀地說，要求香港對中國的 GDP 佔比重返以往水準是不現實的，中國 2016 年 GDP 為 10.81 萬億美元，而香港則為 3,191 億美元，假設要香港 GDP 佔中國整體 GDP 回升至 20% 的話（1997 年香港 GDP 佔比為全國的 18.5%），則香港 GDP 要達到 2.162 萬億美元，相當於目前香港 GDP 金額的七倍，也即相若於整個法國或印度的經濟規模。一方面香港固然需要更努力提升經濟發展動力，尤其要改善初次經濟分配，從而達致更可持續的發展路徑，但同時我們需要思考的更應在於香港作為一個成熟的經濟體，到底香港對中國的重要性體現在哪裏呢？香港應該要反思我們自己的優勢所在，從而整理出更有效的發展和鞏固這些優勢的途徑。我在這裏提出的，便是捍衛一國下「兩制」的最有力途徑，也就是準確、充分地向外界展示我們相對於中國內地其他城市不能比擬的獨特功能，同時讓這些功能為全國和其他地區——當然也為我們自己一帶來效益，做好我們「既處於中國，但又有別與中國」的歷史角色。綜合上述的討論，我在本章提出了香港應發揮「一帶一路」軟實力樞紐的作用。

---

7. 譬如前行政長官董建華在 2015 年一個記者會中指出，香港在回歸時 GDP 佔中國整體份額 20%，但至 2015 已跌至 3%，若日後進一步下跌，香港人應思考香港對中央來說有何存在意義。〈董建華指泛民賭一鋪憂損中港互信〉。《蘋果日報》。2015 年 4 月 29 日。

結語

要問的是，為何今天大多數香港市民，由一開始已經對
「一帶一路」傾向抱持負面看法？香港和內地矛盾近年持續升溫
無疑削弱了兩地人民的互信基礎，在這社會氣氛下，許多涉及
內地的政策和建議便很容易遭受質疑。近年特區政府認受性低
下，政府推行新政策更是舉步維艱，2015 年施政報告首度大篇
幅提出「一帶一路」政策後，由於之前未有充分的討論，報章、
電視乃至網上輿論出現幾乎一面倒的負評。

思考未來，立足當下，回顧歷史，香港在中國經濟發展過
程中一直角色關鍵。改革開放初期，香港是中國外資流入的主
要來源地[8]，大批港商及技術工人為珠三角等地以及全國的發展
做出了重要貢獻，香港也由於善用了內地經濟起飛的機會鞏固
及發展了國際金融中心的角色，包括協助中國企業以香港為基
地募集海外資金壯大業務。從 90 年代起，香港不少生產性專
業服務 (如會計、法律、測量以及工程) 均開始到內地發展，令
中國的商業、會計、金融等制度建設開始走向國際水準，同時
間亦令香港專業界享受了高速發展的 20 年黃金期。當「一帶一
路」成為當前中國大陸在新發展階段的新國策，香港便可藉着
自身的軟實力優勢，一方面可協助中國對應新時代的挑戰，一

---

8. 根據商務部，截至 2015 年底，內地累計批准港資項目 386,213 個，實際使用港資
8,333.3 億美元，佔境外投資總額 50.7%。內地對香港非金融類投資累計 4,059.6 億
美元，佔海外投資存量總額 53.1%。商務部網站：www.mofcom.gov.cn/article/
tongjiziliao/fuwzn/diaoca/201602/20160201247079.shtml

方面亦可創造更多專業高技術的職位，令本地青年從中受益，
並藉此再次彰顯香港兩制的優勝之處。香港與「一帶一路」的
關係不是香港和內地相互如何博弈的問題，「一帶一路」的實踐
需要香港，香港的核心制度文化以及社會經濟亦從而得以鞏固
發展。香港和內地能否再一次共創雙贏，看我們大家的選擇和
努力。

第 3 章

粵港澳大灣區
對「一帶一路」的策略性作用 [1]

李芝蘭　姬超　李建安　巫麗蘭

　　自 2013 年底「一帶一路」倡議正式提出以來，中國對外開放的重心從「一路向東」逐漸轉向「一路向西」，開放的範圍進一步擴大。2017 年 3 月，國務院總理李克強在全國人大和政協兩會上首次將粵港澳大灣區（如無特別說明，本章接下來的粵港澳大灣區均簡稱為「大灣區」）納入《政府工作報告》，標誌着大灣區正式上升為國家戰略。對外開放與對內發展交相輝映，共同構築了中國內外聯通的全新發展格局。

　　在大灣區發展策略之外，中央政府近年先後提出京津冀協同發展、長江經濟帶建設等策略，共同構成中國整體的發展路徑體系。為了分析不同策略之間的內在關聯，我們將大灣區發展置於「一帶一路」視角下，審視對內發展和對外開放相互融合的肌理。以國際性、開放性、多元性著稱的大灣區，不僅是「一帶一路」建設的有機組成部分，更是「一帶一路」策略有效推進的重要平台。自「一帶一路」倡議捸出以來，許多核心和節點城市都在強調融入「一帶一路」，相比於這種各自為戰的局面，憑藉港澳地區高度國際化以及「一國兩制」的獨特軟實力優勢，大

---

1. 原文收錄於《一帶一路年度報告：智慧對接》，商務印書館，2018。

灣區必將成為「一帶一路」由「倡議」走向「行動」的關鍵資源，這是粵港澳大灣區有別於其他區域合作的重要屬性。

作為一種區域發展策略的粵港澳大灣區

一、灣區對粵港澳經濟和社會發展的促進作用

自 20 世紀末「灣區經濟」概念提出以來，灣區已經成為經濟和社會發展、技術和體制革新的增長極（張日新、谷卓桐，2017）。無論是從人口集中情況還是城市分佈情況來看，灣區都是承載現代文明的核心區域，粵港澳大灣區則為這一論斷做出了新的注腳。粵港澳大灣區涵蓋 11 個城市，包括香港和澳門兩個特別行政區，以及 9 個珠江三角洲的城市：深圳、東莞、惠州、廣州、佛山、肇慶、江門、中山和珠海。大灣區總面積達 5.6 萬平方公里，人口總數 6,800 萬人，人口密度為 988.73人／平方公里（左連村、賈寧，2011）。2015 年，大灣區經濟總量達到 1.36 萬億美元，人均經濟總量 20,419 美元，位居世界第四，僅次於紐約灣區、三藩市灣區和東京灣區。

從國內來看，粵港澳大灣區不僅是中國區域經濟和社會發展的先行區域，更是推動中國經濟和社會持續發展的核心帶動力量；從國際來看，粵港澳大灣區的整體發展態勢趨近世界前沿，核心城市諸如香港、澳門、深圳、廣州的國際化水準業已達到或接近世界一流水準，對高端人才、精密科技、跨國企業等現代經濟和社會發展要素的吸引力越來越大；從區域分工與合作的角度

來看，大灣區也是區域協調發展的典範，內生發展的動力很強。上個世紀 80 年代初形成的「前店後廠」模式奠定了大灣區區域分工的基礎（羅小龍、沈建法，2010）。沿襲這種合作關係，三十多年來，粵港澳各地經濟和社會都有了長足的進步，伴隨着產業結構不斷升級調整，粵港澳產業趨同步伐加快。但是總體上，貿易和服務業在港澳經濟體系中佔據支柱性地位，廣東的主導產業則是現代製造業和科技創新型產業，粵港澳三地在經貿、技術、金融等方面的深度合作在競爭中一直持續。

二、大灣區可持續發展的挑戰

粵港澳合作初期，廣東腹地極其落後，歐美地區則是高度發達，從而為港澳發揮（特別是香港）「承接、轉換、發展」等角色創設了條件。如今，大灣區的持續發展首先面臨內地其他高速增長地區的競爭，其次面臨歐美發達地區經濟持續低迷的市場限制。已經發展到一定高度的大灣區不得不在國內外雙向競爭的背景下，爭取進一步深化分工格局：一方面在更高價值環節獲取競爭優勢，另一方面也要擴大市場規模，尋求新的合作與發展機會。

尋求新的合作基礎之外，大灣區不同構成部分的差異化發展事實必須得到重視。新的發展階段和發展環境中，大灣區各地面臨特定的發展難題，調整的重點因而有所不同，能夠率先創新突破制度瓶頸、轉變經濟和社會發展方式的城市必將獲得新一輪的競爭優勢。

　　第一層次 —— 香港、澳門：作為中國最早進入發達社會的經濟體，香港和澳門的發展程度遠遠領先內地，儘管在經濟總量上，中國沿海一些城市已經接近甚至實現了趕超，但在人均收入水準上依然顯著落後。此外，這種領先並不局限於產業和經濟發展方面，同時也體現在社會和政府治理等更加廣泛的領域，例如在專業服務和公共治理等體現軟實力的方面，香港和澳門更是獨具優勢，而這恰恰是一個經濟體從外延式增長轉向內涵式發展的關鍵，也是經濟與社會持續發展的必然要求。

　　第二層次 —— 廣州、深圳：廣州和深圳的人均收入水準已經接近甚至超越一般的高收入國家，相對於大灣區其他城市，這兩個城市的技術高度顯著佔優。由於產業層次業已達到相當高度，通過承接發達國家和地區產業轉移的空間已經很小，也就意味着廣州、深圳繼續提高「硬實力」的空間沒有早期那麼大，進一步的發展一方面依靠技術邊界的外移，實現新的技術突破，與世界其他發達國家和地區展開直接的競爭，另一方面，技術邊界的外移卻並不容易實現，且較為緩慢，這就需要着力提高該地區的「軟實力」，包括社會治理體系、公共政策供給、文化環境等方面，以此吸引更多優質要素的集聚。在提升軟實力的過程中，香港和澳門（尤其是香港）在專業服務、城市治理、公共政策等領域，無疑將為粵港澳開拓新的合作空間。

　　第三層次 —— 珠海、東莞、惠州、佛山、肇慶、江門、中山：相比於第一和第二層次的四個城市，第三層次城市的經濟和社會發展水準略為滯後，與內地其他許多城市相比卻並不遜色。這幾個城市的主要問題在於較低的經濟運行效率，也就是

外生性的技術進步，意味着這些城市仍然具備一些承接發達國家產業轉移的空間，儘管空間已不如早期那麼大。更為關鍵的是，由於過分追求產業高級化而忽略了產業合理化，導致產業之間的互補性不足，無法發揮協同效應。因此，對於這些城市而言，繼續追求產業高級化並不可行，通過產業合理化實現產業之間的協調互補才是關鍵（姬超，2016）。這些城市需要重點推動資源要素的跨部門流動，通過技術外溢效應增加各個行業的技術強度，最終提高整個經濟體系的技術水準，這也是該類型城市繼續追求發展高新技術產業的基礎和前提。

隨着「一帶一路」倡議的提出，中國對外開放的廣度和深度進一步增加，中國企業參與市場競爭的範圍相應擴大，競爭的激烈程度大幅增強。更高層次的開放格局下，傳統的區域合作與發展策略必須相應的進行調整。對於大灣區而言，「一帶一路」倡議既是挑戰也是機遇，對於大灣區深化改革更是形成了難得的倒逼機制。為了實現大灣區的深度合作，調整發展策略勢在必行。對於大灣區的大部分城市而言，更為妥善的發展策略並不是單純的要求加大技術研究與開發力度，有限的資源更應該用於提高企業治理水準、教育、人力資本、生產和生活環境和醫療等「軟」的方面，以吸引更多優質人才，提高當地經濟運行效率。即使較為發達的地區也需要結合自身實際，在提高當地經濟運行效率的同時，有選擇的、有針對性的實施技術創新活動（顏瑋、姬超，2015）。值得注意的一點是，合作並不意味着排斥競爭，高度發達的大灣區更要主動展開競爭，宣導當地企業主動走出國門，在水平市場與其他國際企業展開競爭，只

有依靠激烈的、世界範圍的市場競爭才能真正實現內生性技術進步和內涵式發展。

三、大灣區策略融入「一帶一路」倡議的必要性

香港與廣東在上世紀 70、80 年代，除了在資金、技術、土地以及工人等生產要素上取長補短，更重要的是兩地攜手在改革開放的國家策略旗幟下曾經突破了不少制度藩籬、摸索出不少珍貴的創新路徑。若要說制度上的差異，改革開放之初肯定比現在更大，但從廣東創辦深交所、公開拍賣全國第一幅土地、乃至國有企業推進股份制度及分紅等，香港都在其中扮演了積極角色。可以說，香港實行的資本主義制度與廣東的社會主義制度下市場經濟相互配合走位，才是真正令粵港昔日同步起飛的關鍵，也由此令廣東成為中國改革開放的排頭兵，多項政策均是在廣東先行先試取得成功後，繼而在全國鋪開。

粵港澳近四十年的融合發展經驗印證了開放對於區域繁榮的重要性，然而在逆全球化或者說後全球化時代，伴隨着地方保護主義和民族主義的抬頭，全球化進程開始遇阻，全球分工體系和治理秩序面臨新的變化（張文木，2017）。以開放為命脈的大灣區必須因應形勢，整合區域力量，以新的姿態更好的推進全球化和區域一體化進程。「一帶一路」倡議的提出，正是中國主動重塑全球治理體系，尋求全球可持續發展的重要舉措。大灣區既作為一種區域發展策略存在，亦是中國整體道路的有機組成部分。與其他區域相比，大灣區的獨特優勢體現在其整體

超強的軟實力上，特別是香港作為中國的國際一流都市，在專業服務、公共治理、文化制度、法律等領域都具有世界一流水準，這些正是推進「一帶一路」建設的關鍵資源。廣東作為改革開放的先驅者，新時期下有必要充分發揮粵港多年合作這傳統優勢，成為內地軟實力建設的試驗田，在制度優化改革的探索上為國內其他地區以至「一帶一路」沿線國家和地區提供參考經驗。因此，思考大灣區的發展策略，必須放在「一帶一路」倡議的難點和路徑的思考上，才見其作用。

「一帶一路」倡議既包括了海上絲綢之路的沿海開放，亦包括了絲綢之路經濟帶的沿江和沿邊開放，在這一逐漸深入的擴張過程中，各個開放地區聚點成線、聚線成域，逐漸形成了中國開放路徑的聯通與擴展，最終實現了從區域性開放過渡到整體性開放。在這個過程中，我們更應系統化看待沿邊地區的多方位跨國合作，並將沿邊開放與沿海開放結合起來，探索具有中國對外開放特色的區域合作路徑。在該過程中，大灣區的「一國兩制」實踐為「一帶一路」的「多個國家，多個體制」的實踐奠定了基礎，做出了典範。

中國道路的成功實踐表明，開放和合作不可割裂，單純依靠沿海開放的港口貿易、單純依靠邊境貿易的口岸經濟或單純依靠邊境小城鎮的「孤島經濟」，對於沿海地區、沿邊地區的帶動作用是極其有限的。只有將對外開放和產業發展、城市建設、通道建設、制度建設結合到一起，將沿邊區域的發展和腹地城市的發展統籌到一起，實現深層次的分工協作，才能達到開放的預期目標。特別的，深層次的分工協作對體制機制提出

了更高要求，它呼喚一種更加多元的治理秩序，以此實現多個
國家、多個地區、多種制度文化的互融互通。顯然，傳統的通
過打造「硬實力」實現互連互通的做法已經不夠充分，無法適應
新常態下的複雜局面。因此在「一帶一路」倡議實踐過程中，
大灣區通過「軟實力」建設來深化對外開放策略就成為必然的路
徑選擇。然而說易行難，特別是對於不同體制環境下的多邊區
域，深層次的協作和區域融合勢必面臨各種制度藩籬，制度剛
性為打破這一束縛增加了難度。在實踐過程中，更為現實可行
的做法是基於現有稟賦，尋找最具比較優勢的地區進行試驗，
並在探索過程中漸次推廣成功經驗。

大灣區對接「一帶一路」倡議的軟實力優勢

一、「一國兩制」的獨特制度優勢

　　不容否認的是，一個國家僅僅在經濟方面的成就並不代
表着該國軟實力的提升。大灣區有別於中國其他經濟圈，不在
於其經濟體量大，[2] 而在於區內香港和澳門實施有別於內地的制
度。香港由小漁村發展成傲視全球的東方之珠，除了獨特的歷
史條件以及地理優勢之外，更關鍵的是滲透在香港社會各層面
的優良傳統、核心價值及制度文化（如尊重人權，包容多元，

---

2. 據統計，截至 2014 年，長三角城市群 GDP 為 12.89 萬億人民幣，京津冀為 6.64
   萬億人民幣，珠三角為 5.78 萬億人民幣（雖然未計港澳，但體量遠不及長三角）。

自由平等、法治等）、優良的營商環境等。中國在新形勢下需要不斷增強國家軟實力，完善制度層面的建設，廣東省也需要在此方面進行探索，先行先試。在這一過程中，香港正好可以發揮積極的作用，彌補內地制度、文化等軟實力的弱勢。只要香港與廣東善用好大灣區這國家策略，將區域間的傳統合作提升至另一個台階，就可以再一次為全國應對時代挑戰提供先行者的經驗參考。

港粵雙方在討論大灣區的時候都有一種樂觀的期待：港、澳加上內地九個城市人口規模超過 6,000 萬，經濟產值超過 1.4 萬億美元，足以媲美紐約灣區、三藩市灣區、東京灣區般的世界級城市群，各方參與其中將「蛋糕」做大定可共用其成。同時有另一種看法認為：港澳與內地九個城市實施的制度不同（即使內地城市之間，自貿新區與其他區也有差異），因而形成妨礙人流、物流以及資金流的壁壘，加之各地發展同質化、競爭激烈，落實產業分工合作非常困難，勉強為之或會帶來一系列的其他問題，包括香港社會內關注對香港特區政府既有的自主規劃許可權的影響。

我們認為要更好理解香港在大灣區的角色和勾劃大灣區的發展路徑，需要超脫這種囿於區內產業佈局和行政區劃的思維，由策略層面看大灣區和香港對國家整體發展的作用。大灣區內含「兩制」所標誌的區域差異是其獨特點而非缺點，當前關鍵是如何具體用好這「兩制」來促進大灣區內不同城市的發展，以及進一步將它輻射內地廣大腹地。目前中國在新常態下，完善經濟轉型以及社會治理迫在眉睫，而外交上面臨的挑戰壓

力也愈來愈大。如何妥善處理國際商業糾紛、遵守國際法治規則、促進企業效益和社會責任、以及理順社會矛盾等等「軟實力」也日益重要,而恰恰這些均是香港的相對優勢。我們提出國家宜善用香港的「第二制」來開拓大灣區的制度改革空間,令整個大灣區在全國提升軟實力的發展策略中再一次充當先行者,這樣包含港澳的大灣區將可對中國發展作出重要的策略貢獻。

二、「協同競爭」的獨特分工優勢

　　20 世紀 60、70 年代以來,科技革命不斷促進國際分工格局調整,日本和東南亞國家(包括香港)通過承接歐美產業轉移迅速完成了工業化,從而導致了國際垂直分工體系向水準分工和混合分工體系的轉變。最終,歐、美、日等發達國家將產業重點放在 IT、生物、材料、航空航太、大型積體電路、機械設計、精細化工、汽車製造、光電子等高端產業,東南亞國家則逐步培育了化學纖維、石油化工、鋼鐵、機械、家電、玩具等低端產業。20 世紀 80 年代初,產業結構繼續向高級化發展的分工形勢使得東南亞國家迫切面臨將勞動密集型產業以及加工、製造和裝配等低附加值的生產工序轉移至生產成本更加低廉的地區,廣東腹地恰好滿足了這種需求。大灣區發展初期以商業貿易為先導的產業結構對後來帶動工業發展,迅速建立外向型經濟起到了關鍵作用。例如,20 世紀 90 年代深圳提出建立國際市場—深圳—內地「三點一線」的經濟格局(陶一桃、魯志國,2008),目的也在於進一步充分利用腹地資源優勢和挖掘國

際市場，這也正是許多學者認為特區深層次的、基礎性的發展動因在於國際分工（王天義，2005）。

可見，大灣區的成長與世界環境息息相關。國際市場分工格局演變為大灣區的發展創造了條件，開放、年輕、包容的大灣區抓住了這次機遇，通過積極融入國際市場，承接國際產業轉移，自身產業體系逐漸得以建立、發展，區域分工體系日趨完善，地區融合發展程度不斷提高，這也是大灣區實現跨越式發展的關鍵。

粵港澳大灣區的下一步實踐探索方向

一、完善大灣區司法制度

中國正積極推進「一帶一路」倡議的國策，涉外的商業法律糾紛必然日多，發展有效的糾紛解決機制刻不容緩，除了項目執行的客觀需要，亦關係到國家的國際形象。大灣區先行一步嘗試引進及完善新的仲裁模式，可為全國其他城市法院處理涉外案件提供參考和累積經驗。香港擁有獨立的司法制度，公正嚴謹的法官及法律專業人才備受稱頌，法律教育亦非常成熟，粵港可在大灣區規劃下探討促進更多合作：

擴大香港國際仲裁中心角色 —— 香港是亞洲地區中第二受國際商界人士歡迎的仲裁中心，在全球也僅次於倫敦、巴黎和新加坡而位列第四。香港正積極研究擴大現有國際仲裁機構的規模，粵港雙方宜磋商鼓勵更多企業利用仲裁來解決糾紛，並

進一步完善司法互助以及執行對方的仲裁，進而提升粵港兩地間仲裁的質素。

共同完善及推廣前海經驗 —— 前海法院 2016 年委任了 13 名香港人出任陪審員（包括法律及其他專業界別人士），協助主審法官處理涉外的商業訴訟，而在訴訟雙方同意下更加可以選用香港法例處理糾紛以及做出仲裁。粵港雙方應創造條件使香港法律界更多參與完善前海的安排，及逐步在大灣區（譬如南沙及橫琴）推廣。

加強司法教育合作 —— 譬如香港城市大學已持續十多年為內地法官提供系統的專業培訓課程，在此基礎上可以進一步探討如何適當擴展與深化合作內容與範圍。

二、推動大灣區更深層的體制合作

中國經濟發展正面臨一些長期積累的結構性及體制性矛盾和問題，作為經濟大省的廣東，如何化解困難將在全國起示範作用，廣東政府也在積極研究推進結構改革，使供給體系更適應需求結構的變化。我們認為香港在該過程中可以扮演重要角色：

借鑒香港經驗推進改革 —— 香港政府對於市場的管理並非直接的控制和行政干預，而是通過明確的法律、規章去引導企業自律。企業在法律留白的廣大範圍中完全自主，而企業一旦有出現違反法律的行為，則根據法律對之進行明確的懲戒，以維持健康的市場秩序。這些建基於法治的制度經驗有利於廣東

推進包含政府改革的供給側改革，為企業的有效營運和企業之間的競爭提供一個公平的環境。

加強金融合作，依託香港的集資能力協助廣東企業壯大 —— 香港交易所近期檢討上市機制，計劃推出創新板讓企業更靈活地以不同的板塊募集發展資金，而深圳是全國其中一個最多初創企業的地區，兩地應加強協調增加上市企業的選擇，為企業開創更多融資管道，也令香港的上市公司更多元化。同時，兩地加強合作將可推進人民幣國際化健康發展。加強合作，推進人民幣國際化健康發展。

共同開拓更多海外市場 —— 香港在「一國兩制」下高度國際化，各種制度與國際接軌，市民享有免簽證出入境的國家較多，亦具有兩文三語的優勢。粵港雙方宜理順條件使香港各個專業界別更有效地為廣東地區企業提供服務，協助它們開拓更多國際市場的同時，同時也令香港獲得更多商業機會，達致雙贏。

推進企業社會責任 —— 企業社會責任是當前全球各界關注的重要議題，由環境保護、勞工權益和消費者安全等問題引發的商業糾紛及訴訟，給很多企業尤其製造業帶來巨大的負面影響。香港在環境、社會及企業管治方面都有較完整的規範。自 2016 年起，香港的上市公司必須根據香港交易所的《環境、社會及管治報告指引》詳細披露企業的相關情況。《指引》對建立企業社會責任監測和評價系統，提高企業社會責任資訊透明度，產生積極影響。香港的專業服務，尤其會計業在這方面擁有豐富的專業知識和經驗，可以協助大灣區的企業建立良好的

企業管治架構，制定指引，提供培訓，推動企業有效實行社會責任，走向持續發展經營的方向。

三、推進大灣區社會協同治理

廣東近年積極推進政府轉型，探討如何更好地提供公共服務，這方面香港的多元社會治理經驗對廣東有重要的借鑒意義。

加強交流社會治理經驗 —— 香港一直保持着較為自由的社會形態，擁有豐富的社會協同治理經驗，高度自治的社會組織、行業協會成為了社會治理的重要組成部分，規制自身行業行為的同時，也為社會提供一些公共服務。香港也是全球其中一個非政府組織（NGOs）最密集的城市，非政府和社會組織的發展可以緩解政府有限資源的限制，更能可持續地應對複雜的社會治理需求。

推進社會仲介服務 —— 香港的社工註冊制度位處世界先進水準，香港在 2007 年開始派出資深社工出任督導協助深圳建立社工註冊制度，十年下來，深圳的社工數目已由三十多名跳升至數千名，增幅逾百倍。幫助大灣區更多城市更有效地培訓專業社工反過來也可為香港社福機構開拓更多服務範疇，也是粵港兩地政府及社福機構可以思考的方向。

加強院校交流 —— 香港的專上教育成績有目共睹，英國《泰晤士高等教育》（*Times Higher Education*）早前公佈 2019 年亞洲大學排行榜，香港這個七百多萬人口的城市有五間

大學晉身首 50 名。香港與大灣區學府應該加強合作，讓師生之間多些互相交流，藉此培訓更多人才以及增加相互之間的認識。

結語

目前社會上關於大灣區的討論仍多集中在產業佈局、如何打破人貨資金自由流動的制度壁壘的議題，在這種氛圍下，當有兩個或以上的城市有相近的產業發展方向，討論氣氛往往便會落在彼此的競爭而非協同發展。我們在此提供了一個以大灣區作為整體來探討的新思考角度，讓它更好地配合國家的戰略需要，說明國家處理經濟社會管理轉型及適應國際法規的要求。由此角度看，我們便不會過於聚焦產業分工，而忽略了大灣區發展的更深層意義。

國家主席習近平近來多番指出香港的「一國兩制」展現了強大的生命力，香港與內地既屬於「一國」，但又同時實施有別於內地的另一套「制度」。香港作為「一國兩制」憲制模式中的「第二制」給內地提供了多元化視角審視國家的治理和發展。過去兩者發揮各自優勢合作共贏，現在面對新形勢的變化，兩者也需要秉持互融的態度尋找新的合作點，促進共同發展。

第 4 章

粵港澳大灣區中小型企業發展困境

梁雨晴

　　「一帶一路」倡議自 2013 年提出後，已成為重要國家議題之一。由於該倡議由中央政府提出並推動，中國國有企業過去一直是「一帶一路」倡議的主要參與者。包括在「一帶一路」沿線國家興建鐵路、橋樑等基礎設施建設，進行海外投資、併購等，均取得了一定成效。但是，國有企業特殊的「身份標籤」使得其經濟行為往往被認為具有過多的政治目的，不利經濟合作順利展開。一些基礎設施類的投資回報率亦確實差強人意，項目投資的可持續性偏差。這些都對「一帶一路」項目的可持續性產生阻礙。

　　與國企不同，中國的民營企業在市場經濟環境中自發生長，對市場利潤的嗅覺比國企敏銳，投資行為亦更謹慎，能否獲得更高利潤是行為動機的首要和最重要的出發點。在實踐中，民營企業，尤其是大中型民營企業陸續參與「一帶一路」項目建設，包括通過「抱團出海」的模式，借助國有大中型企業平台，獨立開展產業鏈等形式擴展海外業務（藍慶新，2017）。近期，國家層面也一直呼籲和鼓勵民營企業積極參與「一帶一路」，達致多方共贏。民營企業在「一帶一路」項目中的身影比之過往確實有所增長，但同時其發展步伐並未如預期中快速，許多報導指出其在參與過程中面臨很多風險。

為進一步了解中國民營企業，尤其是佔總數絕大數量比例的中小型民營企業在參與「一帶一路」項目中的實際困難，我們的研究團隊於 2016 年、2017 年對廣東東莞、中山、順德三地共約三十多家中小型民營企業，以及三地負責經濟發展的政府部門進行了訪談和問卷調查，以此樣本為例，分析了粵港澳大灣區的中小型民營企業的當前發展困境。

中國民營企業的發展現狀及參與「一帶一路」情況

　　根據全國工商聯提供的資料，截至 2017 年底，民營經濟對國家財政收入的貢獻佔比超過 50%，GDP、固定資產投資和對外直接投資佔比均超過 60%，技術創新和新產品佔比超過 70%，吸納城鎮就業超過 80%，對新增就業貢獻的佔比超過 90%。

　　根據中華全國工商業聯合會發佈的 2017 中國民營企業 500 強發佈報告，2016 年，民營企業 500 強營業收入總額達到 193,616.14 億元，戶均 387.23 億元，增長 19.84%。資產總額為 233,926.22 億元，戶均 467.85 億元，增長 35.21%。

　　在 500 強企業中，製造業仍佔主體，入圍數量達 285 家，佔比 57%。在海外投資方面，2016 年民營企業 500 強的海外投資項目為 1,659 項，投資總額達 515.32 億美元；進行海外投資的企業數量從 2015 年的 201 家到 2016 年的 314 家，增幅為

56.22%。[1] 以上資料說明，民營企業在中國經濟中已經有了舉足輕重的作用，並且具有較好的生命力。

中國民營企業在海外的投資額已經佔到全部投資額的 75% 以上，中國民營企業家被國家發改委和商務部形容為「政府推動「一帶一路」最有力的民間支撐」。[2] 據資料統計，2017 年，在「一帶一路」沿線國家影響力排名前 50 名的企業中，民營企業佔 42%，央企和地方國企分別佔 36% 和 20%。民企成為了「一帶一路」建設上的主力軍。[3]

雖然統計資料均表明民營企業在「一帶一路」中的作用日益重要，但是我們的研究發現目前參與「一帶一路」項目中的中國民營企業主要屬於大型民營企業，這些企業往往資金實力雄厚，管理經驗較為成熟，因而在海外投資過程中的抗風險能力比之中小企業較強。而對於大部分的中小型民營企業，雖然其數量在民營企業中佔據 90% 以上，但是較之國企和大型民企，其在參與「一帶一路」項目中面臨來自國內和海外環境中的更多問題和困難，影響它們對參與「一帶一路」的成功預期及積極性。

---

1. 詳見中華全國工商業聯合會安瓿的《2017 中國民營企業 500 強發佈報告》www.acfic.org.cn/zzjg_327/nsjg/jjb/jjbsjgk/201801/t20180125_51041.html

2. 詳見《大力推動民營企業積極參與一帶一路建設》，財經_中國網 http://finance.china.com.cn/roll/20170519/4218145.shtml

3. 詳見國家資訊中心一帶一路大數據中心 2017 年 10 月發佈的《一帶一路大數據報告（2017）》http://rss.ndrc.gov.cn/xtfc/201711/t20171130_869233.html

中小型民營企業參與「一帶一路」的困難

　　民營企業對於中國經濟的作用日益重要，其活躍度及發展將顯著影響「一帶一路」的進程。因而研究民營企業在「一帶一路」過程中的困難和需求，幫助它們成功克服困難具有非常重要的意義。與國企和大型民營企業不同，中小型民營企業數量多，生產規模小，生產方式較為靈活，但由於其通常缺乏政府背書的支持，在目前市場機制還並未健全的情況下，中小型民營企業的發展環境顯得更為困難些。例如，在借貸融資、行業競爭方面中小型民營企業仍然存在一些劣勢。而本土營商環境是企業發展的土壤，是企業向海外拓展的根基所在。良好的本土營商環境能夠促進企業成長，進而為其海外投資提供源源不斷的養料，幫助企業更好的參與「一帶一路」建設。因而，我們的研究將從國內營商環境和「一帶一路」海外拓展兩方面，分析影響中小型民營企業參與「一帶一路」的困難和阻力。首先，從國內營商環境來看，中小型民營企業面臨的主要困難包括審批費用高，融資成本高，融資便利性差等幾個方面。

一、政府審批手續費用高

　　審批是政府履行其經濟社會管理職能的重要手段之一 ——中國的審批制度沿襲於計劃經濟時期，審批項目多，手續繁雜一直被詬病。而許多政府部門借助審批向市場主體尋租也屢見

不鮮。為了適應市場經濟轉型，自 2000 年起，中央政府自上而下進行多輪審批改革，旨在大幅削減審批事項，簡化審批流程，減少審批腐敗情況。2012 年以來，新一屆政府也將簡政放權，審批改革作為行政改革的重要內容之一。減少審批程式，降低審批費用，從而進一步為企業發展提供更加便捷的環境。我們研究團隊針對中小企業營商環境情況，在 2017 年在廣東順德區向中小型私營企業發放並回收了 882 份調查問卷，結果顯示，民營企業對於審批手續費用的滿意度較差，説明審批部門變相收取手續費用的現象仍然存在。調查物件反映手續費收取較高較為突出的領域在環保評估環節。不合理的審批費用增加了企業的成本，降低了企業的投資活力。

二、融資成本高、融資便利性較差

　　融資難是中國民營企業普遍面臨的問題 —— 由於有國家信用做後盾，銀行大多傾向於借貸給國企、央企，而對於民營企業借貸較為謹慎。致使很多中小企業較難在銀行進行融資，成為中小企業發展的瓶頸。一些企業不得不採用其他融資方式，比如民營借貸、小貸公司方式獲得資金，但是這些借貸方式利率往往高出銀行利率很多，並且風險較大，致使民營企業實際經營成本提高。在我們調查過程中，許多中小型企業反映融資難是企業發展壯大面臨的瓶頸，一些企業甚至因為融資的問題而倒閉。

三、員工成本上升、僱傭員工難度加大

中國經濟發展的初始階段主要依靠廉價勞動力生產勞動密集型產品，廣東過去的「前店後廠」屬於此種典型生產模式。但是，隨着中國經濟近些年的快速發展，土地、房租等各種生產成本均快速增長，其中，勞動力成本也增長迅速。根據德勤的一份研究報告顯示，自 2005 年至 2015 年，中國的勞動力成本上升了 5 倍，比 1995 年漲了 15 倍。勞動力成本的上升，一方面來源於中國經濟快速發展帶來的生活成本增加。具體表現為房價居高不下，教育、醫療支出成本加大，工薪階層生活負擔加重。另一方面，中國人口紅利逐漸消失，人口出現老齡化態勢，年輕勞動力供應逐漸疲軟。較高的生活成本和勞動力供給下降促使員工要求提高薪資。廣東作為傳統製造業聚集地，勞動力成本的快速上升使得很多企業招工困難。這均對中小民營企業的發展產生了不利影響。

四、稅收負擔重

稅負環境對於民營企業的發展影響巨大 —— 近年，內地學者對於企業稅負做了很多研究。李煒光（2016）認為企業的總體稅負達到 30%–40% 之間，就有可能導致企業留利過低，失去投資和創新能力。根據普華永道《納稅營商環境報告》顯示，2018 年全球綜合稅負率平均水準為 40.5%，而中國為 67.3%，其整體納稅營商環境在參與排名的 190 個經濟體內位

居 130 位，低於泰國（67 名）、墨西哥（115 名）等發展中國家，而香港則位居第三名。自 2012 年內地營業稅改增值稅（簡稱「營改增」）後，服務型企業稅負呈現「不增反降」的現象。我們在調研過程中，一些企業也反應了此問題。營改增導致許多企業進項稅額減少，抵扣不足進而導致稅負增加。過重的稅收負擔一直是阻礙中小企業發展的重要因素之一。

較高的企業審批手續費用，融資成本過大，員工成本上升以及過重的稅收負擔是目前中國中小企業發展的內部主要障礙和阻力。另一面，在海外業務擴展的過程中，很多中小型民營企業也存在一些障礙及顧慮。主要包括以下幾個方面：

五、海外投資政治風險大

由於內地生產成本的增加，國內一些勞動密集型企業，如傢俱產業、製鞋業等已經開始向東南亞、非洲等勞動力、生產資料成本較低的國家和地區轉移生產。但是，對於其他類型的中小企業來說，海外政治不穩定是阻礙它們海外投資設廠的最重要的考量。對於國企、央企、或大型的民營企業，由於其通常有國家政治力量作保護，或是本身資金較為雄厚，抗風險能力強，因而可以回應國家的政策指引，較多的參與「一帶一路」投資。然而，對於很多中小型民營企業，即使它們有意願拓展海外業務，但是缺乏充足的政治保護和資金支援使得它們對於參與「一帶一路」的態度較為謹慎。

六、對當地財稅制度缺乏了解

　　對於投資目標地區財稅制度缺乏了解，也是一些企業在海外投資中存在的困難和障礙。一個地區的財稅制度影響公司的各種經濟行為。因而，在某地營業的企業需要對當地的財稅制度有充足的了解，才可以更好地避免不必要的麻煩。例如，在我們調研的一些案例中，有的企業在海外進行併購中，由於對於當地財稅制度缺乏相應的了解，無法及時發現被並購公司的財務隱患，使企業遭受損失。然而，「一帶一路」沿線國家很多屬於發展中國家，經濟規模小，中國企業過去與之打交道的經驗較少。所以相應的，了解這些國家財稅制度的專業人士和服務公司十分缺乏。很多中小型企業往往不知道如何從市場上獲得相應服務。

七、對當地法律知識欠缺

　　海外貿易或投資很多時候需要涉及到法律事務。然而對當地法律法規知識的缺乏容易使企業陷入困境。一些民營企業根據國內慣例在海外進行投資、生產，忽視東道國的法制，諸如環境保護法、勞工法等，結果違反了對方的法律制度，遭受了很大損失，而了解「一帶一路」沿線國家法律制度的主業人士及服務的公司同樣在市場上嚴重缺乏。

八、「一帶一路」相關政策培訓缺乏、資訊獲得不暢

雖然「一帶一路」倡議在 2013 年便已提出，但是由於早期均是國企、央企參與，相關政策檔，具體扶持優惠政策對於民營企業，尤其是中小型民營企業沒有做很多宣傳。民營企業對於「一帶一路」沿線國家的制度、文化和投資環境均不甚了解，致使很多民營企業雖然想進行海外投資和業務拓展，也由於對於目標國的情況感到陌生而不敢貿然投資。

結語

中國提出的「一帶一路」倡議順應了全球化浪潮，尤其是在一些國家和地區民族保護主義抬頭的今天尤其可貴。民營企業作為市場經濟下成長起來的主體，在「一帶一路」的推進中將發揮日益重要的作用。然而，中小型民營企業進行海外投資及貿易的道路比之實力雄厚的國企、央企、以及大型民營企業則更顯困難，需要有效的支援以促進其發展。一方面，國內營商環境需要進一步改善。雖然中國市場經濟改革已經進行了 40 年，但是「強國家 — 弱社會」這一體制模式使得政府在一些治理方式上仍然存在很多問題，需要通過行政體制改革進一步提高政府效率，構建服務型政府。具體說來，一是政府的權力需要被

嚴格監督，防止公務人員運用手中的權力向企業尋租。二是給予中小型民營企業與其他經濟體形式同等的尊重，開拓管道讓它們參與到政府政策的制定過程中來；此外，在金融放貸方面也需要給予其同等的權力。另一方面，在中小型民營企業參與「一帶一路」海外業務過程中，政府及相關專業機構也需要根據中小型民營企業的需求，提供相應的服務和支援，例如，政府或市場團體可以為民營企業提供「一帶一路」政策的資訊及相關國家的介紹，提供通曉國際財稅、法律方面的專業服務等。社會各界的共同參與，攜手互助，才能將「一帶一路」真正落實，最終實現共贏。

第二篇
倡　議

第 5 章

脫虛入實

香港會計業調查 [1]

李芝蘭　巫麗蘭　姬超　李建安

「一帶一路」倡議由 2013 年提出以來，隨着愈多大型跨境項目推進，國際間的質疑聲音也陸續浮現。例如 2018 年間，馬哈蒂爾 (Mahathir Mohamad) 新當選馬來西亞總理，在 2018 年 8 月訪華期間一口氣推翻了前任總理納吉布 (Najib Razak) 與中國敲定的多個基建項目，雖然馬哈蒂爾解釋中止項目並非針對中國，但坊間不少評論的解讀卻截然不同，馬來西亞的高鐵、皇京港，以及東部海岸鐵路等「一帶一路」項目，不單被指投資回報率低，而且要向中國大量借貸，勉強為之將要背上沉重負債，而且這些項目很有可能由中國企業承建。這種向中方借貸，再把貸款轉交給中國承建商的「賣方貸款」模式，被不少人及媒體質疑是中國設下的「債務陷阱」。這個提法不單得到眾多新興國家的共鳴，美國副總統彭斯 (Mike Pence) 在中美貿易磨擦引發的兩國緊張下，一度呼籲發展中國家要小心中國的投資，以免國家主權受到侵害。

---

1. 本章資料來自香港持續發展研究中心與香港華人會計師公會於 2018 年 6 月聯合發表的《會計師與一帶一路調查報告》。是次調查的問卷由 2018 年 1 月 26 日至 4 月 10 日透過線上及線下發放，合共收回 406 份有效問卷。是次調查問卷是透過香港華人會計師公會以及其友好機構或個人發放，屬於非隨機抽樣，調查結果反映調查樣本的特性。

香港一直是中國與西方溝通的橋樑，香港專業界別過去長時間累積了大量實際操作經驗，也協助中國內地擴闊了國際視野。在目前國際形勢愈趨複雜的背景下，香港能否在「一帶一路」發展當中扮演更吃重的角色呢？而作為香港專業界別主力軍的會計師，又是否已準備好迎接新挑戰及機遇呢？在 2016 年，我們在另一項會計業調查曾經觸及「一帶一路」的話題，當時受訪者對「一帶一路」看法普遍較為負面，無論是高層、中層或初級的會計從業員，都覺得「一帶一路」對行業的發展沒有甚麼作用。[2]

2018 年 1 月至 4 月間，本研究團隊與 28 位資深會計師開展了深入訪談，並以問卷形式成功訪問了 406 位來自香港以及外地的會計從業員，再一次系統地疏理出會計專業人員對於「一帶一路」的看法。

我們的調查發現，即使近期「一帶一路」的倡議在國際輿論上飽受非議，受訪者普遍對「一帶一路」仍持中性偏向樂觀的看法，當中又以高層職位者的反應較為積極；此外，受訪者對於香港在「一帶一路」中的角色更是寄予厚望，多數人均認同香港在投融資以及人民幣國際化等層面上，可以幫助中國進一步走向國際。受訪者在感到樂觀的同時，對自身的能力也有相當客觀的評估，指出了自己的不足之處，尤其在了解「一帶一路」

2. 是次調查由李芝蘭主持，獲香港政府中央政策組撥款〔編號 2014.A1.020.15B〕，是次研究關於一帶一路的部分，可以參見李芝蘭等「一帶一路是出路嗎？」，2016 年 4 月刊於《灼見名家》。

的稅務法規、認識當地的語言、文化等軟硬體,仍有待進一步加強。

「一帶一路」看法出現微妙變化

在 2013 年「一帶一路」倡議提出之初,香港中文大學曾進行調查,結果顯示超過半數的香港市民認為「一帶一路」難以令個人受益。[3] 我們在 2016 年的調查也得出了類似的發現,不少受訪者都認為,「一帶一路」目標宏大,卻看不到相關的政策如何落實。2018 年的調查再以相近的角度,詢問專業會計從業員對「一帶一路」的看法,結果反映一些微妙變化。

本調查設定以 1 分為最負面,11 分為最正面,6 分為中性評分,讓受訪者為「一帶一路」的發展評分,評分的項目分為「整體」、「地區」、「機構」以及「個人」4 個層面,藉此反映「一帶一路」由宏觀到微觀的影響。

調查結果顯示,受訪者對於「一帶一路」的「整體發展」評分達到 7.05 分,「地區影響」及「機構影響」亦達到 6 分(即中值)以上,相反在「個人」層面的影響則只有 5.54 分,位處中值以下。由是觀之,本次調查的結果從整體上說,與 2 年前的調查結果相若,「一帶一路」與個人之間的利益似乎仍未連結起

---

3. 參見中大亞太研究所民調:www.hkiaps.cuhk.edu.hk/wd/ni/20170612-114255_1.pdf

表 5.1　受訪者對「一帶一路」的評價

	均值	正面評價比重	中性評價比重	負面評價比重
整體發展	7.05	69.2%	11.1%	8.9%
所在地區的影響	6.28	56.9%	16.5%	15.5%
所屬機構的影響	6.00	49.2%	20.2%	18.0%
對個人的影響	5.54	41.1%	25.6%	20.2%

（分值從 1 到 11，1 分為最負面，11 分為最正面，6 分為中性。）

來。我們在問卷以外，也曾與多位會計從業員深入訪談，藉此與問卷的調查結果互相印證。在訪談中，受訪者普遍預期中國以及沿線國家將繼續斥鉅資建造「一帶一路」項目，在資金充裕的情況下，對整體大環境、乃至項目所在的地區會是好事。然而，對於他們所屬的機構以及他們個人能否把握機遇，則暫時未有把握。可以説，訪談與問卷調查的結果是相當脗合。

　　然而，當我們透過交叉分析再去審視這些資料的時候，可以得出一幅有趣的畫面，顯示了一些積極的動態變化。我們把受訪者分成「初級」、「中級」以及「高級」三個群組，結果發現各個群組在「整體」、「地區」以及「個人」層面上的判斷都出現了統計學上顯著的差異（p 值少於 0.01），在不同的層面判斷上，「高級職位者」比「中級職位者」樂觀，而「中級職位者」又比「初級職位者」樂觀。

表 5.2　不同職位受訪者對「一帶一路」的評價

	初級職位	中級職位	高級職位	均值	P 值
整體發展	5.46	6.68	7.53	7.02	0.000***
所在地區的影響	4.90	6.01	6.83	6.35	0.001***
所屬機構的影響	5.27	5.85	6.28	6.02	0.146
對個人的影響	4.49	5.27	6.03	5.61	0.004***

注：1分為最負面，6分為中性評價，11分為最正面。P值<0.10表示差異度顯著，p值<0.05表示差異度比較顯著，p值<0.01表示差異度非常顯著。

　　當中在「個人」層面上，「高級職位」的受訪者給予的評分為 6.03，即位處中值以上，代表他們的看法是中間偏向樂觀一點，相反，「中級職位」（5.27 分）以及「初級職位」（4.49 分）的受訪者給予的評分都在中值以下。我們認為這個發現的意義在於身處公司決策層的「高級職位」受訪者，對於外部環境變化的敏感度應當較「中級職位」及「初級職位」的受訪者為高。而且「高級職位者」往往會較中低級的受訪者肩負起更多實質的營運責任，因此他們的評估往往更為直接。由此我們相信相較兩年前高、中、低級受訪者皆認為「一帶一路」作用不大，本次調查中「高級職位」者對「一帶一路」所展現出來的積極變化實在值得我們關注。因為這種變化反映有部分人開始實質感受「一帶一路」帶來的發展機遇，而不再只基於願景和想像。

　　這種微妙的變化，在我們與資深會計從業員的深入訪談過程中，就顯現得更加具體。雖然大部分的資深從業員未必曾親

身涉及「一帶一路」的業務，他們均表示有看到身邊愈來愈多的同行／同事，接到來自東南亞、中亞、俄羅斯以及東歐等地「一帶一路」沿線國家的業務，涉及的範疇包括了稅務諮詢、併購前的盡職審查、公司秘書服務乃至商業營運策略建議等。正是由於他們看到愈來愈多的真實個案，因此對「一帶一路」業務的前景也產生了更積極的看法。不過，需要留意的是，縱然資深從業員的看法有改變，但在當下並沒有轉化成直接的業務收入，以至對員工的收入和就業機會未有產生任何影響。在這種狀況之下，中低級職員對「一帶一路」的看法比高級職員顯著地消極，也就並不奇怪了。

對香港角色的不同評價

　　香港專業界別要分享「一帶一路」的建設成果，最重要的是向參與項目的中國及海外企業提供優質的專業服務。其實自開埠以來，香港已是中國與西方世界溝通的重要橋樑，無論於韓戰中國遭受禁運抑或中國改革開放期間，香港都成為了外資企業進入中國，以及中國企業走向世界的大門。在這個發展過程中，包括會計業內的香港專業服務從業員扮演了舉足輕重的角色，也獲得了豐厚的回報，成為香港的四大支柱產業。

　　在「一帶一路」倡議提出之後，中國領導人也曾在不同場合提及香港的角色。經過多番商討及反覆論證，國家發展和改革委員會與香港特別行政區政府在 2017 年 12 月聯合公佈了《關

表 5.3　香港角色的評價

香港角色	均值	認同比重	中性評價比重	不認同比重
1. 協助推進人民幣國際化	1.94	70.4%	19.5%	4.9%
2. 為項目提供多元化融資	2.01	67.5%	21.7%	4.9%
3. 推動粵港澳大灣區建設	2.04	67.0%	21.7%	6.9%
4. 建設國際法律及爭議解決服務中心	2.04	66.5%	20.9%	6.9%
5. 參與區域經濟合作機構	2.05	70.0%	20.2%	4.9%
6. 主辦高層次一帶一路國際論壇展覽	2.06	67.0%	22.2%	5.4%
7. 連繫國際加強基礎設施領域合作	2.14	64.8%	24.1%	6.1%
8. 發展綠色債券市場平台	2.12	60.6%	24.4%	7.7%
9. 發展高增值海運服務	2.19	58.6%	27.1%	8.1%

分值從 1 到 5，1 分為非常認同，5 分為非常不認同，3 分為中性評價

於支持香港全面參與和助力「一帶一路」建設的安排》，詳細羅列香港可擔當的角色。我們的調查以《建設的安排》作為基礎，詢問受訪者是否認同香港可以發揮檔中列出的角色。調查結果發現，以「1 分」為非常認同，「5 分」為非常不認同計算，香港在 9 個角色的得分均值介乎於 1.94 分至 2.19 分，即是全部位元處「3 分」中值以下，代表受訪者全部認同香港的作用，當中尤以協助推進人民幣國際化（1.94 分）、為項目提供多元融資

（2.01 分）、以及建設國際法律（2.04 分）及爭議解決服務中心（2.04）的評分較高。

　　這個結果與我們跟資深會計從業員的深入訪談脗合，不少受訪者都認為在中國尚未開放資本帳的情況下，香港成為中國資金出入的樞紐，很多中國企業往外投放的資金以香港作為中轉站，反之亦然。這些資金選擇香港作為流動路徑，是因為香港的金融基建成熟、貨幣自由兌換流通，而且具備了良好的法治體系。可以說，這次調查再一次印證了受訪者對香港的肯定。

　　調查另外一點有趣的發現便是，對於香港的角色看法，「在香港工作的受訪者」以及「在香港以外工作的受訪者」之間出現了統計學上非常明顯的差異，而且這個差異在統計學上是十分顯著的（p 值少於 0.01）。「香港以外工作的受訪者」在每一項角色的分值上，都較「在香港工作的受訪者」為低，亦即是前者更加認同香港的角色。我們在得出這個研究結果後，曾與一些資深的會計從業員討論，對於這種狀況，他們提出了兩種不同的看法。

　　一種意見認為，「在香港工作的受訪者」可能有點流於妄自菲薄，傾向相信香港的獨有優勢正在流失，競爭力大不如前。相反，「在香港以外工作的受訪者」卻更加看到香港一些獨特的優勢，由是形成了「外地人」比「本地人」更樂觀的局面。另一種意見認為，「在香港以外工作的受訪者」由於不是生活或工作於香港，憑感覺評分，未必能真實感受到香港的一些變化及限制。抱持這種看法的人認為，香港本地人並非當局者迷，而是更加切實客觀地了解香港需要補足的地方。

表 5.4　不同工作地點的受訪者對香港角色的評分

香港角色	均值	在香港工作	在香港以外工作	P 值
1. 協助推進人民幣國際化	1.94	2.03	1.63	0.000***
2. 為項目提供多元化融資	2.01	2.10	1.71	0.000***
3. 推動粵港澳大灣區建設	2.04	2.14	1.74	0.000***
4. 建設國際法律及爭議解決服務中心	2.04	2.13	1.75	0.001***
5. 參與區域經濟合作機構	2.05	2.15	1.75	0.000***
6. 主辦高層次一帶一路國際論壇展覽	2.06	2.15	1.77	0.001***
7. 連繫國際加強基礎設施領域合作	2.14	2.25	1.81	0.000***
8. 發展綠色債券市場平台	2.12	2.24	1.76	0.000***
9. 發展高增值海運服務	2.19	2.32	1.79	0.000***

注：1 分為非常認同，2 分為認同，3 分為一半一半，4 分為不認同，5 分為非常不認同。P 值 <0.10 表示差異度顯著，p 值 <0.05 表示差異度比較顯著，p 值 <0.01 表示差異度非常顯著。

　　對於以上這兩種看法，我們認為有兩點值得注意的地方：其一，即使「在香港工作的受訪者」給予香港的角色評分較低，但在 9 個選項中的分值也全部位於 3 分（1 分為非常認同，3 分為中值，5 分為非常不認同）以下，反映受訪者對於香港的作用評價仍是正面的；其二，「在香港以外工作的受訪者」給出的評分結果，或許是反映了外界對香港的期許，而「在香港工作的

受訪者」就更多的是從香港實際工作中總結出經驗。可以說，兩者是從不同的方向看同一條問題，因此得出不同的結果。

關鍵的是，香港在「一帶一路」中有沒有找到合適的定位，並深思香港有那些弱點從而改善。舉例來說，在我們與資深會計從業員的對話中，不少受訪者都坦言，當初很多人都認為中國企業在「一帶一路」的沿線項目，可以透過香港找到國際融資，從而達到分散風險及共用利潤的目標，但是多年下來，「一帶一路」項目仍主要由中國政策銀行及多邊貸款機構提供融資，香港專業人士在其間參與不多。又例如說，外界經常談及香港可以作為「一帶一路」的調解仲裁中心，但香港法律業界的「一帶一路」沿線業務根本不多。實質操作與角色上的期望因而存在落差。隨着更多「一帶一路」項目的展開，對香港專業服務的需求將會愈來愈殷切，關鍵是，香港能否把握機遇？我們準備好了嗎？

參與「一帶一路」能力的評估

本次調查嘗試從兩方面去評估會計從業員參與「一帶一路」的能力。第一部分是受訪者主觀的自我評分，這部分我們設定了 8 個選項，以 1 分为「非常具備」、5 分为「非常缺乏」計算，受訪者自我評價最高的依次為「誠信」（1.84 分）及「專業操守」（1.92 分），至於自認為不足、即評分在 3 分中值以上的，分別有「懂得當地語言」（3.04 分）、「認識當地的執業準則」（3.16 分），以及「認識文化差異」（3.0 分）。而總體的評分則為 2.78

表 5.5　受訪者自我能力評估

個人層面	均值	中位數
1. 懂得一帶一路地區的語言	3.04	3.00
2. 能與一帶一路地區人士交際應酬	2.93	3.00
3. 認識一帶一路地區的會計準則、稅制、財政、金融和法律系統	3.16	3.00
4. 認識一帶一路地區的文化差異	3.00	3.00
5. 願意經常到一帶一路地區工作	2.87	3.00
6. 處理海外業務的經驗	2.70	3.00
7. 專業操守	1.92	2.00
8. 誠信	1.84	2.00
總體來說您是否具備參與一帶一路的條件	2.78	3.00

（分值從 1 到 5，1 分為非常具備，5 分為非常缺乏，3 分為中性。）

分，相當接近 3 分的中值，顯示出受訪者對自己是否有能力參與「一帶一路」，持一種中性的態度。

　　調查結果反映，即使受訪者普遍認為自己在實際工作層面的參與能力有待提升，他們對自己的誠信（1.84 分）及專業操守（1.92 分）亦充滿自信。會計專業非常看重誠信及注重守則，這在我們 2016 年的會計業調查中也得到明確印證，在那次調查中即使大部分受訪者都認為香港會計師公會加強監管將增加營運成本，但 7 成人仍然贊同公會需要緊跟國際準則。會計師都知道誠信以及專業操守是行業的核心競爭力，只有做到嚴

謹客觀、不偏不倚、取信於人才能突圍而出。舉例來說，正正由於香港會計師簽發的審計報告能夠獲得世界各地投資者的認可，因此香港才能在企業投融資業務中分一杯羹，大部分中國內地企業來港上市時，都會聘任香港的會計師作審計，而內地會計師事務所想往外發展時，也會先與香港一些中小型事務所合併，藉此拼船出海。

我們認為「誠信」以及「專業操守」雖然是捉摸不到、也看不到，但此等「軟」的核心價值的建立，除了要求個別從業員的自律以外，更加需要整個行業的互相監督及砥礪，這種氛圍的維繫往往比「硬」的技術培訓更加重要，亦需要更多的時間及資源。

除了主觀的自我評分外，本調查亦嘗試從客觀的角度了解受訪者參與「一帶一路」的能力。我們透過深入訪談，歸納出10項會計專業人員的服務類別，再讓受訪者揀選他們認為有能力提供服務的項目（可選多於一項）。調查結果發現接近一半的受訪者揀選了「簿記及會計」（49.8%）以及「審計」（49.5%）這兩項傳統的會計業務，反而「收購合併」（32.5%）、「稅務諮詢」（32.8%）、「公司融資」（30.5%）、以及「上市審計」（21.4%）這些範疇只有不足百分之三十的問卷被訪者選擇。

這個結果與我們的訪談出現了明顯的落差，因為在不少資深會計從業員的眼中，參與「一帶一路」項目的企業最需要的並不是傳統的審計及簿記等服務，而是需要專業人士一站式地為它們解決問題，由到海外成立公司、做併購盡職審查、再募集資金、營運報稅、乃至管理顧問以及策劃上市。有資深從業員

表 5.6　受訪者可以提供的專業服務

專業服務	數量（人）	百分比 %
1. 簿記及會計	202	49.8
2. 審計	201	49.5
3. 公司管治顧問	151	37.2
4. 稅務諮詢	133	32.8
5. 收購合併	132	32.5
6. 公司融資	124	30.5
7. 公司秘書	108	26.6
8. 上市審計	87	21.4
9. 資訊科技支援	56	13.8
10. 破產處理	25	6.2

不諱言，我們的調查結果，正好反映出界別服務能力與「一帶一路」需求的錯配現象頗為嚴重。會計專業界別如果想在「一帶一路」中發展業務，除了要不斷自我增值以提升實力外，也要更積極擴大業務的合作網路，因為一個人的精力畢竟有限，如果能夠與同業聯手一起為客戶提供不同的服務，各自負責專長的範疇，那麼不但可以減輕自身的壓力，也可以開拓更多的業務機會。此外，針對這種能力與需求的差距，我們認為專業團體、學術界和政府三方，應該商討如何去完善培訓機制，以及增加培訓和發展業務的輔助資源，從而使更多的從業員具備提供更多元服務的能力。

表 5.7　受訪者參與「一帶一路」的意願

受訪者意願	均值	意願強烈比重	中性意願比重	意願不強比重
個人的意願	6.65	54.7%	39.4%	19.5%
管理層的意願	6.14	53.2%	16.3%	17.5%
下級同事的意願	5.20	40.1%	17.5%	25.4%
同級同事的意願	5.37	43.6%	14.5%	25.9%
所在地政府的意願	7.51	69.2%	9.6%	12.1%
所屬機構客戶的意願	5.68	48.0%	15.8%	18.2%

分值從 1 到 11，1 分為最不強烈，11 分為最強烈，6 分為中性。

　　在參與的能力以外，我們也在問卷中詢問了受訪者的參與意願，並分開「個人」、「管理層」、「下級同事」、「同級同事」、「所在地政府」以及「機構客戶」6 個面向。調查結果顯示，以 1 分為最不強烈、11 分為最強烈計算，受訪者的個人參與意願為 6.65 分，即高於 6 分的中值，反映受訪者參與的願是稍為偏向強烈。

　　在審視結果時，一個非常有趣的現象就是受訪者都認為自己的個人參與意願，比起「下級同事」（5.2 分）、「同級同事」（5.37 分）、「機構客戶」（5.68 分）、乃至「管理層」（6.14 分）都要高，而只是低於「所在地政府」（7.51 分）。形象化一點的描述就是，受訪者感受到政府在推動「一帶一路」，而自己也想參與其中，可是周圍的所有人都不熱衷。

　　我們相信出現這種狀況是由於「一帶一路」的前景仍未明朗，會計從業員仍處於「探路」的階段，因此即使個人意願偏向強烈，但在公開場合的接觸中都會傾向表現得較為謹慎，而這種謹慎的表現就會形成一種氛圍，令人覺得其他人都是對「一帶一路」有所保留。我們認為要打破這種大家都不願參與的錯覺，專業團體可以舉辦更多交流活動，讓業界人士多些表達一些希冀和憂慮，透過直面問題來尋求出路。

結論

　　「一帶一路」發展至今，中國政府多番強調此乃一個共建共用的國際發展計劃，但實施下來，由於缺乏國際的資金配套，多個項目仍由中國資金主要負責項目的投融資，令外界質疑中國控制了整個項目，背後或有更深遠的其他盤算。反過來，從中國的角度來看，在承擔項目風險損失的同時，卻備受國際批評，產生莫大的不公感。外資不願意參與「一帶一路」，很大程度與項目必然會虧本的印象有很大的關連。至於傳統的國際金融機構組織就一直都是由歐、美、日為主導，它們對於中國宣導的「一帶一路」興趣不大。而由中國發起的亞洲基礎設施投資銀行則仍處於起步階段，暫時仍未有足夠條件為亞洲跨境基礎建設項目提供適切的融資平台。

　　從以上的落差可以看出，「一帶一路」項目急需要尋求更多元化的資金來源，藉此分散風險以及分享利潤，中國唯有把項

目更「國際化」,「一帶一路」才能真正的成為「共建共用」的發展計劃。而在這過程中,香港確實有一定的角色可以扮演。事實上,本次調查已再一次印證了受訪者(無論是本地或海外)對香港角色的肯定,由於香港擁有完善的法治、自由的資金進出以及高效的專業服務等優勢,因此在推進人民幣國際化以及為項目找尋投融資等範疇尤獲認同。不過,本次調查也客觀地反映出,會計從業員的能力與「一帶一路」的要求存有落差,不少受訪者仍只集中於提供傳統簿記以及審計等服務,部份業界在併購、融資、上市服務等方面的能力有待加強。

我們在 2016 年的會計業調查中,清楚反映出了香港會計業界正處於瓶頸期,業務增長停滯不前以及營運成本上漲等因素制約下,中低層職員向上流的動力正在減弱。會計業界也在苦思一個突破瓶頸的機會,當時的調查也同時指出,許多業界並未視「一帶一路」為出路。事隔兩年後,2018 年調查反映了一些微妙的變化,就是行業中的高級職位者對「一帶一路」的態度變得更加積極,「一帶一路」走向國際不單是改善其未來發展的方法,同時也應為香港的專業服務突破瓶頸帶來新動力。當下的關鍵是業內人士需要改善業界本身的弱點,讓廣大的專業會計師把握好新的挑戰及機遇,其中涉及的政策及商業行為的調整,應是政府,業界及教育界的共同方向。

第 6 章

信用評級
發展香港「一帶一路」債券市場

王澤森

　　「一帶一路」沿線以發展中國家佔多數，經濟規模小、金融市場欠發達，到這些國家投資的企業普遍面臨融資難、融資成本高的問題。中國人民銀行行長周小川在《中國金融》雜誌撰文指出 ，過去「一帶一路」沿線國家主要依賴發達國家的銀行和其他金融類機構提供金融服務和資金，但現在發達國家金融機構動力不足、國際金融危機後忙於自保等原因，已難以為「一帶一路」建設提供充足的資金支持。由此導致的局面是，目前到當地投資的企業（主要是中國的企業）的融資管道主要依賴中國政策性金融機構和商業銀行。亞投行開業一年多，完成了 9 個融資項目，動用超過 17 億美元的貸款，推動了 125 億美元的投資，絲路基金運營兩年多來，也推進了一批項目落地，這正正顯示中國政府正透過亞投行和絲路基金等金融機構發揮槓桿作用，但「一帶一路」的資金缺口仍很大。[1] 周小川認為搞好「一帶一路」建設的投融資合作，應堅持以企業為主體，市場化運作，才能保持投融資的可持續性。

---

1. 亞洲開發銀行報告顯示，沿線國家基建投資總規模或達 6 萬億美元，到 2030 年，全亞洲基建投資需求高達 26 萬億美元

本章旨在討論信用評級服務和債券市場發展，提出一些機制推進完成「一帶一路」的願景。焦點將放在中國與香港特別行政區如何透過互相取長補短開發一個成功的債券市場，方便「一帶一路」國家發行國際債券，支援它們的國內基礎設施和長遠經濟發展，同時也為國際投資者提供新的、可以信賴的投資產品。

信用評級體系是債券市場重要基礎

一、歷史上的三大信用評級機構

　　三大信用評級機構，包括標普 (Standard & Poor's)、穆迪 (Moody's) 和惠譽 (Fitch Group)，源於 1900 年至 1920 年美國鐵路債券的興起。當時，作為世界上一個新興經濟體，美國興建許多新的鐵路，以支持經濟發展，這些基建項目需要龐大長期貸款來支援。債券實際上是貸款的一種，債券投資者可以自由轉讓債券。然而，債券投資者一般沒有銀行貸款人的特權，後者可以進行實地考察借款人的操作和設備，並嚴格規定還款條件。當時，很多鐵路債券主要銷售給歐洲的富有的投資者。為了支持全球投資者購買美國鐵路債券，信用評級機構早期創始人成立資訊服務公司，出售對鐵路公司的財務資訊和債券信用評級報告，資訊使用者（即債券投資者）支付費用獲得信用評級報告，這種商業模式後來被稱為使用者付費模式。這種商業模

式一直流行至 1970 年代中期。美國鐵路債券的歷史發展類似當前的需要，就是「一帶一路」國家急於籌集資金，以加強鐵路網路、公路網路和其他基礎設施的發展。能夠在全球市場發行債券，將幫助「一帶一路」國家獲得經濟發展的長期資金。信用評級機構應代表債券投資者的利益，讓全球投資者安心投資債券。

二、評級機構——使用者付費模式 vs 發行人付費模式

1970 年代，信用評級成為債券發行的必要資訊，這促使債券發行人樂意為信用評級支付費用，信用評級行業因此從使用者付費模式迅速轉換成發行人付費模式。一些債券交易所和場外交易市場，為債券上市和債券交易設定最低信用評級要求，例如「BBB 或更好」，這促使債券發行人光顧那些能提供較好等級的信用評級機構，信貸評級機構因此經常被批評有意為債券發行人調高等級，以爭奪評級服務生意。

三、信用評級作為金融機構監管的一部份

此外，信用評級已是金融機構監管的一部分。1929 年股市崩盤後，美國銀行監管機構禁止銀行持有投機性投資證券，定義以「低於標普 BBB 等級」為依據。從那時開始，投資等級成為「BBB 或更好」。2012 年監管全球銀行業的巴塞爾協議 III（Basel III），其中標準化方法的資本要求，規定債券信用等級和資本掛鉤，銀行持有「BBB」或更差的債券需要準備更多資本。

保險公司和證券公司的監管機構也採取類似的監管方案，要求資本和資產信用等級掛鈎。

在 2009 至 2016 年期間，美國積極落實多德—弗蘭克法案（Dodd-Frank Act），其中一項工作是去除美國法律和法規中信用等級的部分，以回應公眾對三大評級機構的強烈批評。在法律上的「投資等級」現已大都改寫為「低違約率」或「低違約的可能性」。這樣的修改非常容易除去信用等級，但什麼是高風險或低風險，就變得含糊不清，沒有準則。

四、信用評級作為商務合同和業務決策的一部份

許多針對保守投資者的基金，指定基金經理必須投資在投資等級的債券。全球銀行在銀行同業市場通常期望交易對手具有信用等級 A 或更好的等級。一些交易所要求市場莊家（Market maker），如股票期權市場莊家，有信用等級 A 或更好。在國際供應鏈中，如果買方沒有可接受的信用等級，賣方可能調整貿易信用金額，或要求買方提供銀行擔保。此外，兩家公司之間的業務夥伴關係，可能受信用等級影響。對於投標長期的工程項目，有良好信用等級的公司不傾向與低信用等級的公司合作。這些都表明，信用評級機構的資訊不僅僅是法律或債券市場的問題，信用等級已成為商業合同和商業決策的基礎。從市場中刪除信用評級機構的資訊，只會阻礙經濟活動，因此，餘下的問題是：如何確保信用評級機構能為信用風險做出可靠的評估。

五、2008 年後信用評級機構的監管

2008 年的金融海嘯引發了公眾對信用評級機構的批評。許多之前達到「投資等級」的資產虧損嚴重，完全失去市場價值。香港證監會和其他地區的證券監管理機構，回應了國際證券監理組織（International Organization of Securities Commission, IOSCO）2008 年的建議，收緊對信用評級機構的監管，基本原則包括以下內容：

1. 信貸評級機構必須監管。在香港，證監會在 2011 發佈「提供信用評級服務的行為準則」和要求信用評級機構申請「提供信用評級服務」的牌照許可證。

2. 信用評級分析師應該是適當人選和正確的人員（Fit-and-proper persons）。在香港，這些分析師需要通過認可考試後，才能申請證監會的牌照。

3. 信用評級機構應該有適當的內部程序和過程處理評級製作、發佈評級結果與信用評級服務有關的利益衝突問題。

4. 在香港，信用評級機構不允許進行諮詢工作，但可以提供輔助服務，如出售信用研究資訊。

三大信用評級機構，標普、穆迪和惠譽，跟不少其他國際銀行一樣，都是「太大到不能倒」這問題的一部分。2008 年金融危機後，許多發達經濟體的政府收緊了對評級機構的監管。此外，通過國際貨幣基金會金融穩定理事會的協調，這些政府逐步減少對外部信用等級的使用。它們想要為政府和信用評級機構保持一定距離，結束機械式依賴信用等級，和移除有關信

用等級的法律和法規，希望市場參與者能對信用風險評估負上自己應有的責任。

在這種政治和監管的氣氛下，已很難說信用評級機構必定是值得鼓勵和推廣的金融機制。可是，投資者能否自己獨立進行信用風險評估實在很難知道。如果沒有可靠的信用資訊來輔助投資決定，大多投資者將傾向以較低價格購買債券，或投資在一些資訊較透明的證券，這對債券發行人是不利的結果，因為他們很難在債券市場籌集資金，或要為債券融資付出非常高的成本。

中國信用評級機構面對的挑戰

目前對市場上的信用評級機構的其中一種批評是缺乏競爭。2010 年經合組織（OECD）競爭委員會為信用評級行業中的競爭問題進行研訊。委員會的結論是：「信用評級市場是寡頭壟斷，三個評級機構佔市場份額超過 90%」。

根據歐洲證券市場管理局（ESMA）的新規例，自 2011 年開始，歐洲開放信用評級服務市場，歡迎更多機構參與，並促進它們之間的競爭。此外，歐盟新法規要求信用評級提高內部盡職調查的工作。2015 年底，歐洲有 26 家註冊的信用評級機構，它們遵循 ESMA 原則提供信用評級服務，這些原則接近國際證券監管組織的原則。表 6.1 顯示 2015 年歐洲信用評級機構收入的市場份額。

表 6.1　信貸評級機構在歐盟市場份額（信用評級服務和輔助服務）

註冊的信用評級機構	市場份額 （2015 年營業額）
Standard & Poor's Group	45.00%
Moody's Group	31.29%
Fitch Group	16.56%
DBRS Ratings Limited	1.89%
AM Best Europe-Rating Services Ltd. (AMBERS)	0.93%
CERVED Group S.p.A.	0.88%
The Economist Intelligence Unit Ltd	0.80%
Creditreform Rating AG	0.50%
Feri EuroRating Services AG	0.40%
Scope Ratings AG	0.39%
GBB-Rating Gesellschaft für Bonitätsbeurteilung mbH	0.34%
ASSEKURATA Assekuranz Rating-Agentur GmbH	0.21%
Euler Hermes Rating GmbH	0.21%
Capital Intelligence (Cyprus) Ltd	0.14%
ICAP Group SA	0.12%
Spread Research SAS	0.09%
Axesor S.A.	0.05%
CRIF S.p.A.	0.05%
ModeFinance S.A.	0.05%
Dagong Europe Credit Rating Srl	0.04%
ARC Ratings, S.A.	0.03%
BCRA-Credit Rating Agency AD	0.02%
EuroRating Sp. Zo.o.	0.01%
European Rating Agency, a.s.	0.00%
INC Rating Sp. Zo.o.	0.00%
Rating-Agentur Expert RA GmbH	0.00%

Standard & Poor's Group、Moody's Group、Fitch Group 合計 **92.85%**

DBRS Ratings Limited 至 Rating-Agentur Expert RA GmbH 合計 **7.15%**

資料來源：ESMA（2016 年）

表 6.1 標示三個評級機構仍顯然在歐盟佔主導地位。應該指出的是，雖然惠譽已有非常悠久的歷史（90 年左右），其市場份額仍然遠低於標普和穆迪。其他較新的評級機構可能需要很長的時間，大概 20 年、30 年或更長時間，才有可能明顯提高它們的市場份額。

要遵循 ESMA 信用評級機構的規則，這些信用評級機構需要付出非常高的經營成本，相信一些小規模的信用評級機構，因為收入不足或收入沒有增長空間，很快會停止業務。

表 6.1 同時表明，如果沒有政府或政府之間的努力來限制那三大信用評級機構市場份額，或設置有利規則支援新的評級機構，那三大信用評級機構仍將主導市場。同樣，在監管評級機構的法規實施後，那三大信用評級機構在美國和香港的市場份額仍然是非常壟斷。

有人會問：中國本土的信用評級機構現在能否取代三大評級機構？現代中國的金融市場歷史很短，債券信用評級只局限於中國境內，加上過去「剛性兌付」的中國特殊情況，使信用評級和債券風險拉不上關係。要這些信用評級機構和它們的分析員走出去，了解其他國家的企業風險，明白國際投資市場的需要，建立起國際評級機構商譽，相信要十分漫長的時間。

「一帶一路」債券市場和相關的信用評級解決方案

鑒於上述的討論，我們提出以下解決方案，以促進「一帶一路」債券市場的發展。

「一帶一路」國家在中國和香港特別行政區發行債券 —— 信用評級服務，無論是發行人付費或使用者付費模式，都是與債券發行有關。一些債券發行不需要任何的信用評級服務，因為投資者很清楚它們的信用歷史和未來償還能力。「一帶一路」政府和其國營企業應該在中國和香港特別行政區發行債券，這可幫助它們在債券市場建立信用品牌和信用歷史。所有這些債券可以通過中國 —— 香港的「債券通」市場自由買賣。「一帶一路」國家也可以參考美國鐵路債券的先例，透過在中國和香港進行債券融資，協助進行基礎建設，修造鐵路和道路網，作為進一步發展經濟的基礎。

為「一帶一路」債券市場服務的信用評級機構 —— 應該至少有一家國際的信用評級機構提供關於「一帶一路」債券的信用評級。目前三大信用評級機構主要集中發達經濟體的企業和政府債券。「一帶一路」債券將包括許多鐵路債券和基礎建造設債券，「一帶一路」國家大多是發展中國家，當中還有不少是伊斯蘭國家。「一帶一路」債券市場的信用評級機構應有能力評估基礎項目風險、發展中國家的主權風險，伊斯蘭國家的主權風險，和債券發行人的經營和財務風險。許多發展中國家都抱怨那三大信用評級機構在評估發展中國家的信用品質存有偏見。例如，它們都過分強調自由經濟環境，不太接受政府干預經濟

發展，它們較少強調基本經濟變數，例如財政盈餘，公營債務佔國民收入比率、經濟增長和貿易平衡的資料。一些統計研究指出，信用評級與美國傳統基金會（Heritage Foundation）的自由程度評分有關，包括財政自由、商業自由、勞動自由和財務自由。許多發展中國家，包括金磚國家，在這些自由變量的分數都很低。「一帶一路」國家都是新興經濟體，它們的風險需要不同的角度來評估。

　　公營信用評級機構與新的商業模式 —— 對於三大信用評級機構的主要批評是，發行人付費模式可能導致債券發行人光顧提供更好等級的信用評級機構，這也可能迫使信用評級機構提高信用等級。公營的信用評級機構能否解決這個問題？有些美國學者主張美國應設立公營信用評級機構，一些人曾建議在聯合國建立國際評級機構。2012 年，德國試圖創建歐洲的信用評級機構，與三大評級機構競爭，這建議包括成立基金支持一個公營信用評級機構，針對主權債券的評級，其後擴展到歐盟金融機構債券的評級，這項建議由於對資金供應、獨立性、和可能出現利益衝突等擔憂停止了。有些人甚至擔心公營信用評級機構有一天對美國公司造成麻煩，而面臨美國法律行動。必須承認的是，縱有審慎的信用風險評估，並不能保證信用零違約，問題是，制度的設計是否能夠有效地為投資者產生獨立和公正的信用風險評估資訊。利潤驅動的信用評級機構，加上發行人付費模式，已經被批評為十分可能扭曲信用評級結果。公營信用評級機構，以明確的服務使命，可能更可靠。公營信用評級機構收入可以來自多方面：來自所有「一帶一路」國家的

年費，銷售全球的資訊訂閱服務費用，債券發行信用風險評估年費。「一帶一路」國家的金融市場可以協議債券發行人必須獲得公營信用評級機構的信用等級。這個公營的信用評級機構將遵循國際標準評估信用風險，它將由國際專家團隊參與各種評級委員會。第一階段，公營信用評級機構應該把重點放在「一帶一路」各國的政府債券、公營部門企業債券和基礎工程項目債券。

其他機制加強「一帶一路」債券市場發展 ── 債券發行和信用評級機構是打造「一帶一路」債券市場的基本因素。其他機制可以幫助這債券市場增長更快，其中包括：

1. 債券基金：應為「一帶一路」債券設立的債券基金，這債券基金投資在一籃子的「一帶一路」債券，這基金可以在交易所買賣，方便機構和零售投資者分散投資風險。

2. 信用違約保險：某些保險公司、投資銀行或政策性銀行可以提供債券發行人信用違約保險。保險買家只需支付年費，便可以對沖違約風險。這種保險合同可以幫助「一帶一路」債券投資者將高風險投資轉化為低風險投資。

3. 「一帶一路」債券作為抵押的銀行貸款：銀行可以為「一帶一路」債券為抵押品安排短期融資或備用信貸，這意味着「一帶一路」債券投資者可以不用擔心資金流動性問題。

4. 股票發行和債券發行：股票發行將幫助債券發行。如果一家公司有股票和債券發行，債券投資者可以透過那公司的財務資訊和股票市場價格變動來評估債券的風險。如果股票價格不斷上升，債券的信用風險應越來越低。

香港特別行政區的角色

上述「一帶一路」債券市場是一個國際的債券市場。這一市場需要國際債券發行者、國際債券投資者和國際金融仲介機構。香港特別行政區作為一個國際商業和金融中心有非常長久的歷史，它有超過 190 家境外銀行在那裏經營，同時國際企業廣泛接受香港普通法制和商業法。

為促進「一帶一路」債券市場的發展和公營信用評級機構的設立，這文章倡議香港特別行政區政府，金融監管機構和專業團體應把重點放在以下項目：

1. 修改香港上市規則，方便「一帶一路」國家發行主權債券和公司債券。

2. 與伊斯蘭金融市場和伊斯蘭金融機構密切合作，發展伊斯蘭債券市場，幫助「一帶一路」伊斯蘭國家為基礎設施籌集資金。

3. 香港銀行應研究發展場外市場，處理「一帶一路」主權債券的交易，這些債券可以使用不同貨幣標價：人民幣、特別提款權、美元、歐元、港幣或其他貨幣。

4. 鼓勵「一帶一路」國家的主要銀行在香港設立分行，這些可以將它們國家的借款人和投資者帶到香港資本市場，這些銀行可以為它們國家的國際債券安排抵押貸款。

5. 支持建立公營的信用評級機構，它可以在亞洲基礎設施投資銀行、金磚國家政府及其他多邊組織下運行。

6. 遊說那公營的信用評級機構在香港設立籌備委員會和營運總部。

7. 促進「一帶一路」國家的主要企業在香港股票市場上市，方便市場了解它們的商業風險。

8. 鼓勵國際資產管理公司在香港建立「一帶一路」投資基金，投資相關的股票的和債券，並將基金放在交易所買賣。

建議亞投行在香港設立獨立信用評級機構

亞投行是信用評級的最主要用家，在投資相關項目前，需要做盡職調查，了解項目風險，如果沒有亞投行對投資項目的肯定、參與甚至擔保，國際債券投資者也不會安心投資相關的債券。亞投行是否適合設立獨立的信用評級機構？以下是一些相關的考慮：

亞投行的投資集中在亞歐地區，項目以基礎建設為主體，但現有的國際信用評級機構並非這些項目的風險評估專家。

亞洲基礎設施的投資者（包括亞投行成員國的公營和私營投資基金）一般能夠接受較高的投資風險，也希望把風險分散在不同的國家，不單是歐盟和北美國家。它們的風險偏好有別於傳統債券的投資者，但現有的國際信用評級機構提供的評級資訊可能不適合這些新一代投資者。

亞投行的信用評估會否出現偏見？現時許多銀行的貸款都是由銀行內部獨立的信用風險評估部門來處理，減少地區分行的偏見。許多著名大學的課程，都是大學內部的品質保證單位核實。這些獨立評估部門主要遵循清晰評估標準，加上內部和外部專家參與，確保決定不偏不倚。

現時，香港對信用評級機構的監管已經處於國際領先水準，信用評級機構需要申領香港證監會的牌照，信用評級分析員也需要考試和申領執照。香港債券市場的規模會因為「債券通」和「人民幣國際化」而高速增長，全球債券投資者和債券發行機構會更集中在香港。如果亞投行在香港成立信用評級單位，成為一所獨立的信用評級機構，發揮香港獨特的制度優勢，便能更有效地支援「一帶一路」國家的債券發行，加速它們的基礎建設發展。

設立「一帶一路信用評級機構」的路徑藍圖

一、「一帶一路信用評級機構」的重要特點

1. 「一帶一路」信用評級機構的工作主要集中在「一帶一路」各國發行和流通的國際債券,目標是增強「一帶一路」國家為基礎設施建設和公/私營部門企業發展的融資能力。

2. 「一帶一路」國際債券指的是在「一帶一路」國家之間,跨國界流通的債券,包括在中國國內市場上發行和流通的「一帶一路」國家的外國債券,以及面向其他「一帶一路」國家發行和流通的中國債券。

3. 「一帶一路」信用評級機構的分析人員需要具備國際信用分析,國際銀行和國際債券市場發展相關的專業知識和經驗。

4. 「一帶一路」信用評級機構在初始階段可以先在粵港澳大灣區主要城市設立,遵循國際標準提供信用評級服務之後,可以將業務拓展至「一帶一路」各國。

5. 在起步階段,「一帶一路」信用評級機構主要為「一帶一路」各國的政府債券、公營企業債券、公共服務機構債券和大型基礎工程項目債券提供信用評級。

6. 之後會為「一帶一路」各國政府、公營企業、公共服務機構和大型基礎工程項目發行的伊斯蘭債券進行信用評級。現時超過 30% 的「一帶一路」沿線國家是伊斯蘭國家,它們應當合理地納入國際融資的範疇。

7. 通過評級的外國債券可在中國境內債券市場上市，透過「債券通」，這些債券也可以在香港買賣，成為國際債券。

二、「一帶一路」信用評級機構參與準則

在推進「一帶一路」信用評級機構的運作及其信用評級的使用方面，中國應該確定以下兩個原則：

原則一：外國債券發行方若計畫在中國境內市場（港澳台除外）發行債券，必須由「一帶一路」信用評級機構參與信用評級。

原則二：中國債券發行方若計劃在其他「一帶一路」國家發行債券，除了遵守別國的相關規章外，還必須由「一帶一路」信用評級機構參與信用評級。

原則一旨在為中國境內投資者在投資國際資產的過程中提供保護，因為許多中國境內投資者對「一帶一路」其他國家的風險認識非常有限。同樣，由於國際投資者對中國商業環境缺乏了解，對中國債券發行方的風險認識不足，原則二即可用確保「一帶一路」信用評級機構為他們提供公正的風險評估。

當「一帶一路」信用評級機構成功地在信用評級領域確立良好的聲譽後，一些本國沒有信用評級機構的「一帶一路」國家就會願意認可該機構的信用評級。而其他一些國家，即使它們有針對信用評級機構的監管條例，也可能與中國在相互認可方面達成協議。

三、創立「一帶一路」信用評級機構的程式

1. 成立工作組，搭建組織架構，尋求多管道資金來源以支持「一帶一路」信用評級機構工作的開展。
2. 邀請國際專家團隊擔任顧問或參與各種評級委員會。
3. 委任全職管理層和職員，正式啟動機構的運作。

四、信用評級服務業的國際標準

「一帶一路」信用評級機構將主要遵循香港和歐盟在信用評級服務領域的國際標準。這些標準主要參照國際證券監理組織（IOSCO）的指導原則，涵蓋以下各個領域：債券發行評級的公正透明，評級過程的品質保證，信用評級機構行為的問責機制，以及利益衝突的舒緩等等。通過遵循這些標準，「一帶一路」信用評級機構如果將實體機構設立在香港，將利於申領香港證監會牌照，該牌照也將獲得歐盟監管機構的認可。

結語

「一帶一路」債券市場旨在支持「一帶一路」基礎設施發展。債券發行人主要包括政府、公營企業和基礎建設公司。本章建議「一帶一路」各國政府和公營機構在中國和香港特別行政區發行債券，打造它們的信用品牌和信用歷史，中國 — 香港「債券通」市場會把這些債券帶入一個國際債券市場。此外，應該為

這債券市場設立一個國際性的公營信用評級機構，這機構了解「一帶一路」政治和商業環境，其收入來源應該來自多方面，減少對發行人收費的依賴。

其他機制可以進一步加強「一帶一路」債券市場發展，包括：債券基金（幫助投資者分散債券風險），債券信用保險公司（幫助投資者調整「一帶一路」債券的風險），債券為抵押品的貸款（增加「一帶一路」債券的資金流動性），和企業股票上市（增加「一帶一路」國家商業環境的透明度）等。

在多數發達經濟體國家，實施關於信用評級機構的新法規主要是希望減少依賴其信用評級結果。然而，從經濟活動中刪除信用評級機構的等級不會對金融市場和國際貿易有明顯貢獻。唯一的選擇是設立更可靠的信用評級機構，減少利益衝突問題。公營信用評級機構，加上混合的商業模式，會是一個解決方案，它將有效支持「一帶一路」債券市場的發展。

香港特別行政區在國際商業和金融的經驗，有非常長久的歷史。在支援「一帶一路」國際債券市場和公營信用評級機構發展，擁有強大的競爭優勢。香港歡迎亞投行在香港建立獨立信用評級機構，加速基礎建設債券的市場發展。

第 7 章

善用香港
創新「一帶一路」投融資平台

王澤森、陳樂庭、李建安

引言

中國政府在 2013 年提出「一帶一路」倡議，並於 2015 年發佈《願景與行動》綱領文件，將通中國政府 2013 年提出「一帶一路」倡議，並於 2015 年發佈《願景與行動》綱領文件，「設施互聯互通」是「一帶一路」「五通」之一，由於基建效果立竿見影，因此通訊、鐵路、道路等大型工程便成為「一帶一路」的優先推進項目。隨着「一帶一路」發展，中國企業參與跨境大型基建愈來愈多，涉及金額以萬億美元計。在基建過程中，投融資是決定項目能否開展、按時完工乃至持續經營的關鍵條件，如果在工程決定上馬後未能募集到足夠前期資金；在建設中未有後續配套；又或者在完工後未能產生足夠現金流（無論是用者付費或公共補貼），項目都有可能面臨停運風險，項目所有者也將承受巨額損失。

「一帶一路」沿線國家經濟發展相對落後，資金投入力量不足，由是多項大型基建都要依靠中國提供融資安排。另一邊廂，由於中國企業基建能力強，修橋築路建高鐵的技術已列世界前沿，因此也成為了「一帶一路」工程項目的主要承建商。當

中國一方面提供資金、另一方面承包工程，過程就像是把建設資金由左袋（借貸）交往右袋（工程費用）。因此國際社會對一帶一路基建的抨擊與日俱增，認為項目所在國家承擔了過高的風險，一旦項目稍有差池，便要揹上巨額債務，甚至要出售資產來向中國抵債，形成了所謂「債務陷阱」。然而站在中國的角度，向項目所在國家提供資金也要冒相當大風險，北京最期望的或許不是以資產抵債，反而是借貸方能夠把項目做好，然後按時歸還貸款。

由上述討論可以看到，當國際質疑中國設下「債務陷阱」，中方卻認為自己啞子吃黃蓮。我們認為要彌合這種鴻溝，便需要一套新的、適切的投融資模型來支撐一帶一路的可持續發展。我們倡議的投資模型，提出構建「一帶一路」基建項目數據庫，並從數據庫中甄別出具盈利能力或發展潛力的項目，然後透過債券或股權轉讓等方式打包出市場集資，回籠的資金將再次投入另一批項目，藉此形成良性循環。我們相信，在金融領域上具相當經驗的香港將可為新的投融資模型作積極貢獻。

一帶一路的投融資風險及文獻回顧

中國提出「一帶一路」之初，已強調跨境基建項目要做到「共商、共建、共用」，令所有參與國家也能得到實惠，但實際操作過程中，卻存在以下諸多問題：

1. 資金缺口大 ——「一帶一路」沿線國家達六十多個，根據中國國研中心以及亞洲開發銀行等機構的測算，亞洲地區在未來 10 年的基建投資需求近 8 萬億美元。資金需求殷切的同時，「一帶一路」沿線國家經濟水平普遍比較落後，因此能投放的資金不多，形成資金缺口；

2. 投資風險高 ——「一帶一路」沿線國家的經濟、政治和社會環境複雜。各國法律、語言、文化與宗教都有差異，例如在徵地問題上，如何界定國有土地及私有土地，各國就有不同的執行辦法，令項目面臨無法預測的風險；

3. 私人及多邊機構資金缺位 —— 由於「一帶一路」基建投入大、風險高，因此給了外界一種必然虧本的印象，私人投資者參與意願低。傳統的國際多邊金融機構則長期由歐、美、日主導，對中國倡議的「一帶一路」興趣不大；

4. 中國包攬出資風險高 —— 因為私人投資者及多邊機構缺位，作為「一帶一路」主要倡議國以及外匯儲備大國，中國在「一帶一路」項目中就承擔起主要資金來源角色。在亞投行 1,000 億美元的起動資金當中，中國佔了將近一半，中國另外還注資了 400 億美元發起絲路基金，連同金磚五國銀行以及中國進出口銀行，中國投入的金額以千億美元計。

根據 2017 年《國家風險分析報告》，中國出口信用保險公司已向國有企業在「一帶一路」沿線國家出口和投資累計支付

賠款 18.5 億美元。隨着「一帶一路」項目愈來愈多，很難再由中國資金獨力承擔。更重要的是，中國資金獨大反惹來外界質疑，北京這種不計成本的付出背後或許有其他戰略考慮。

針對中國主宰「一帶一路」的講法，姚鴻韋 (2018) 指出「一帶一路」與第二次世界大戰後美國的馬歇爾計劃不同，馬歇爾計劃是華盛頓政府透過資本援助歐洲盟友重建經濟，藉此在冷戰期間達到牽制蘇聯的目的，因此整個計劃更多是政治考慮。但「一帶一路」是個長遠的經濟計劃，只有激勵私人投資者及多邊機構參與才能實現可持續發展。但是對於如何吸引多元主體參與投資、如何建立合理的投融資模式並有效規避風險，目前尚沒有清晰的認識，新的投融資模型與風險管控機制極需建立。李桂林、張木亮 (2010) 指出，與西方相比，中國私人資本並不熱衷基建項目。羅煜、王芳、陳熙 (2017) 通過世界銀行的資料檢視了「一帶一路」沿線 46 個國家 PPP 項目，結果發現私人部門分擔的風險比重越高，PPP 項目就越容易失敗，這是因為跨境基建面臨的政治、經濟及社會環境複雜多變，如果缺少政府政策保護，就要承擔非常大的風險，這導致了私人投資者一般不願意成為「第一個吃螃蟹的人」。

當前，中國重大工程的投融資體系仍以間接融資為主，銀行貸款比重達 83.1%，通過發債、股權融資等直接融資手段的比重只有 16.9% (李桂林，張木亮 2010)。凌曄 (2018) 以提高資金多元化為目標，提出跨境基建項目首要構建一套投資者保障制度，包括為海外投資提供更加健全的保險，以及建立一套適應性的仲裁機制，讓投資者在發生糾紛時能夠得到公平對待。

國明臻（2015）進一步闡釋了投資者保障機制，其中包括如何提供方便的金融工具及手段，幫助投資者對沖匯率、利率風險；在工程付款安排以及財資管理上也要有足夠的服務配套。俞瀟陽、周晶、吳孝靈（2012）則提出一套博奕框架，以多組資料構建出計算模型，嘗試論證基建工程中各方的收益情況。他們認為，如果參與基建的主體都能夠依據客觀的資料判斷投入與產出，那麼就能夠理順出資比例及收益分配關係，並以此選定適應性的投融資方案。

李建軍、李俊成（2018）綜合了多個西方學者的觀點指出，重大工程建設在短期能夠帶動工人就業，中、長期的營運及維修，亦有利降低交易成本及持續創造職位。但重大工程要發揮作用的前提，是投融資的成本效益計算正確，否則不僅會產生浪費，也會降低各個主體參與投資的積極性，多管道式的融資將變得舉步維艱。

我們透過疏理及歸納上述的文獻，可以看到針對「一帶一路」語境下的投融資問題，各方的重要共識是，不應再由中國政府（及其政策金融機構）或國有企業來承擔主要出資責任。我們進一步認為，應該從以下方面加以充實討論：

1. 對於重大工程的研究仍然大多停留在逐單案例分析的階段，未形成案例體系，不利於經驗和方法的有效集成。如果能夠以點聯線、以線帶面地建立一個更為完整的跨境工程資料庫，將可以大大改善並掌握重大工程的全貌；

2. 過往研究的視角主要從政府出發分析問題，缺少對基建投融資全方位的審視。如果能夠以多元主體視角審視重大工程，將可更全面掌握重大工程的投融資方式；

3. 當前的研究大多聚焦於如何獲得建設資金，忽視了項目建成後的運營。事實上，項目的建設與營運是一個完整生命週期，項目的成敗不單局限在建的過程，只有能獲得合理回報，才可獲得更多投資者青睞；

4. 由於對項目建成後營運的重視程度不夠，容易忽略利用基建項目營運後的收益去支撐新項目的可能方案。

建議創建新投融資模型

一個項目能否吸引投資者，取決於其市場前景、內在品質和商業價值。就投融資的模式來說，重大工程首先要有一個發起人（可以是政府、企業、組織或個人）作為項目的實際投資者，發起人通過項目投資和經營而獲得收益。在過程中，發起人承擔了為項目融資的責任，他既可透過借貸，也可通過將項目權益出售的方式來獲得發展資金。重大工程的資金來源主要有幾個方面：當地政府的投入、第三國政府的資助和貸款、國際多邊金融機構組織（例如世銀、亞開行、亞投行等等）的資助和貸款、以及私人（包括金融機構、企業和個人）投資。

跨境重大工程的投融資方式大體可分為債務融資（包括借貸或發行債券）和股權融資（多方參股共同建設），同時也衍生

出了更多的市場工具，例如 BOT、PPP、BT、夾層融資、過橋融資、混合融資、以及各種資產證券化產品、租賃融資工具等等。針對跨境基建項目風險與難題，我們倡議構建一個專門的投融資模型，這個模型可以分成下列幾個重點部分：

一、構建重大跨境工程項目數據庫

針對坊間視「一帶一路」跨境項目等同「蝕本」，我們倡議設立跨境工程項目數據庫，這個數據庫將把不同屬性的跨境工程歸類為三種不同的形式：（A）公共產品 —— 代表該項目不計算回報，多數由政府牽頭融資（獨資或合資）；（B）準公共產品 —— 代表一定程度上計算回報但又帶有公益性質，可由政府或私人牽頭融資（應以合資為主導）；（C）商業項目 —— 計算回報，由私人牽頭融資。

項目庫的目標是把不同類型的項目集中起來，從而更好地與外界共享共用。事實上，當前海外很多公募或私募基金都有興趣投資基建類項目，以賺取穩定回報，建立這樣的項目庫，可以讓有興趣的投資者找到合適他們的項目。

二、訂定優質項目的甄別機制

參照一些優良公用事業企業（例如中電控股、長江基建、中華煤氣等等）的經驗制定甄別機制，包括項目是否具備充裕的現金流來穩定派息、優質的管理層、以及可視化的經營環境

等等，藉此建立一套各方投資者都認可的甄選準則，以期把一些符合條件的項目拿到私人市場集資。

三、構建重大工程打包發售和私人投資者承接機制

在選出優質的項目後，發起人就可以將項目打包放售出市場。打包發售的方式有很多，包括債券，信託基金或者是股權轉讓等等，在這過程中將需要其他金融市場參與者進場協助（例如是各地交易所、投資評級機構、發行機構等等）。在這過程中，香港將可以充分發揮國際金融中心的作用，例如交易所、監管機構以及香港金融管理局基建融資促進合作辦公室（IFFO）可以商討合作，令香港成為管道設立跨境項目資訊樞紐。

香港是一個理想的投融資平台，以債券融資為例，2017年香港交易所債券通開業以來，外資持有中國本土債（domestic bonds）的總金額由約 9,000 億元人民幣大幅飆升至 1.6 萬億元人民幣。此外，香港近來也銳意發展成綠色金融中心，推動綠色債券投融資，藉此吸引世界各地的綠色項目發起人及投資者利用香港擴大資本來源及找尋更多理想的投資產品，我們相信加入一帶一路項目，將可以發揮更大的聚眾效應，進一步發揮香港中介人角色之餘，也為大型跨建設項目引來更多關注。

四、在私人市場募集到資金以後建立機制讓資金有效回籠 至項目的初始投資方

　　為了促使項目初始投資方重新投放資金到新的項目，政府及業界可以研究方法，包括有針對性的稅務優惠以及更便捷的投資措施等等。

　　根據 Sovereign Wealth Fund Institute 以及 Mutual Fund Directory 的統計，世界主要主權基金以及互惠基金管理的資產規模（AUM）近年不斷膨漲，單計頭 10 大主權基金的 AUM 已達 5.88 萬億美元；而 10 大互惠基金的 AUM 更達 29.3 萬億美元。正由於管理的金額龐大，這些基金都希望能夠把資產分散從而減輕組合的震盪。如果我們能透過設立項目庫等手段，讓外界認識「一帶一路」項目也能帶來穩定回報，這對主權基金以及互惠基金都應該有吸引力。

　　假如在這 35 萬億美元（主權基金 5.88 萬億美元＋互惠基金 29.3 萬億美元）的總資產當中，能吸引 0.5% 的資金投放於「一帶一路」基建，金額已達 1,750 億美元，相當於亞投行 2016 年 178 億總資產額的 10 倍左右，這定可大大舒緩「一帶一路」的資金缺口。不過，要吸引這些基金的垂青並不容易，項目首先一定要有穩定的現金流回報，因此甄別機制將非常重要。此外，這些基金也許有很多投資守則，例如來自中東的基金或更加看重項目有沒有遵守伊斯蘭律法；來自歐美的基金對於項目的 ESG 或許會有更高的要求。

　　我們相信香港金融業界有能力克服困難。事實上，自 90 年代起香港已替中國企業來香港上市，30 年來的成績有目共睹，

圖 7.1 跨境重大工程的投融資創新模型

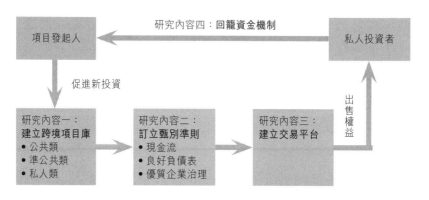

表 7.1 世界主權基金及互惠基金 AUM 排名

主權基金名稱	萬億美元	互惠基金名稱	萬億美元
1. Norway Government Pension Fund Global	1.06	1. Black Rock Funds	6.44
2. China Investment Corporation	0.94	2. Vanguard	4.83
3. Abu Dhabi Investment Authority	0.68	3. Charles Schwab	3.52
4. Kuwait Investment Authority	0.59	4. State Street Global Advisors	2.81
5. HKMA Investment Portfolio	0.52	5. Fidelity Investments	2.56
6. SAMA Foreign Holdings	0.52	6. JP Morgan	2.08
7. SAFE Investment Company	0.44	7. PIMCO	1.97
8. GIC	0.39	8. BNY Mellon (Dreyfus)	1.80
9. Temasek Holdings	0.38	9. Amundi Asset Mgmt	1.69
10. Public Investment Fund	0.36	10. Capital Group	1.60

中國企業的股份已經成為了環球金融市場其中一個最主要的投資選項。當下「一帶一路」項目的困難毫無疑問會比中國企業來港上市更大，但背後所涉及的市場深度以及商業機會也相應更多。

結語

總的來說，「一帶一路」推進至今，基建作為主力環節，在多國落地的項目愈來愈多，但在投融資失衡下，伴隨而來的爭議也愈益尖銳。中國與國際學界似乎都有共識，「一帶一路」項目不能夠再單單依賴中國提供資金支持。這不單只不利於項目當事國；同樣也不利於中國。所以我們提出了新的投融資模型設想。

這個新投融資模型的特點在於透過建立項目庫，甄別出有盈利或有潛質的基建項目，藉此扭轉外界對於「一帶一路」就等於「蝕本」的固有印象，當這些項目成功在市場獲得私人投資者承接，項目發起人便能透過分紅等方式回饋投資者，做到真的「共有、共享」。反過來說，項目發起人把從市場獲得的資金投入新項目，那麼新項目的資金來源也由此會變得更多元化。

要成功令這個投融資模型運轉起來，便需要一個高度國際化、市場化，並獲得投資者認可的地方協助推進，而香港是一個合適的選擇。事實上，國家發展和改革委員會與香港特別行政區政府在 2017 年 12 月聯合公佈了《關於支持香港全面參與

和助力「一帶一路」建設的安排》，詳細羅列香港可擔當的角色。我們曾以此為基礎，在一項大型會計師調查中詢問香港及海外專業會計師的意見，結果發現獲最多受訪者認同香港，可以協助推進人民幣國際化（認同比率 70.4%）以及為項目提供多元化融資（67.5%）。由此可見，香港在金融方面的優勢仍然明顯。

我們相信，香港參與創建「一帶一路」投融資模型，將可達致多贏。中國政府及企業不用再獨攬風險；市場投資者將可獲更多元化投資機會；項目當事國也可參與國際化進程；香港也可從中進一步鞏固國際金融中心的地位。

第 8 章

解決爭議〔一〕
強化香港「一帶一路」仲裁樞紐

David HOLLOWAY 林峰 李芝蘭 鄭小和 郭文德

香港一直是一個公認的國際仲裁樞紐,中華人民共和國中央人民政府和香港特別行政區政府都表示支持香港在國際替代性爭議解決中扮演領先角色,當局與法律界已經就此採取一些具體措施,而最近「一帶一路」倡議的願景又給香港作為國際法律服務樞紐的角色提出新要求。

本章建議採取更多措施以應對這些挑戰,包括:

1. 法律服務及相關專業人士的進一步多元化;
2. 吸引更多不同文化背景和客戶基礎的仲裁機構來港提供服務;
3. 加強本地人才的訓練和專業發展計劃;
4. 加強與內地的合作以推廣香港在「一帶一路」倡議裏作為國際法律服務樞紐的角色;
5. 吸引參與「一帶一路」倡議的企業來港解決爭議;
6. 增加香港對國際仲裁盛事的投資;
7. 增強本地持份者之間的協作關係。

香港仲裁業的背景

香港提供仲裁服務歷史源遠流長。香港早年作為貿易港的時候，選擇非正式爭議解決方式而非訴訟的中國傳統，便深植本地社群。早在殖民地成立前，英國官員就在華人與英商間進行一些仲裁活動。進入殖民時期的兩年後，新成立的立法局頒佈了一道條例，授權總督把民事爭議轉介作仲裁處理，但條例於 1844 年遭英國殖民地部否決；十年之後，1855 年《民事司法管理（修正）條例》獲得通過，並將有關權力授予法院。到下世紀初又制定 1901 年《民事訴訟法條例》，它包含有基於 1889 年英國《仲裁法》而制定的規定。

現代化的香港仲裁體制，肇始於反映 1950 年英國《仲裁法》的 1963 年《仲裁條例》。該條例於 1975 年作出了修正，以吸納《承認及執行外國仲裁裁決公約》（《紐約公約》）。1985 年，為推廣和管理仲裁，香港國際仲裁中心（HKIAC）成立。1987 年，香港法律改革委員會建議採納聯合國國際貿易法委員會（UNCITRAL）的《國際商事仲裁示範法》（《示範法》），而該建議於 1989 年獲政府接納。

自 1997 年中華人民共和國政府恢復對香港行使主權以來，香港法律架構仍然在不斷發展以支援仲裁服務。2011 年 6 月，新的《仲裁條例》生效，它基於修訂後的《示範法》統一了本地與國際仲裁的法例架構。仲裁推廣諮詢委員會於 2014 年成立，並向律政司提供關於推廣香港仲裁服務的意見。2017 年 6 月，《仲裁及調解法例（第三者資助）（修訂）條例》及《仲裁

圖 8.1　從事仲裁業務的香港律師事務所總部

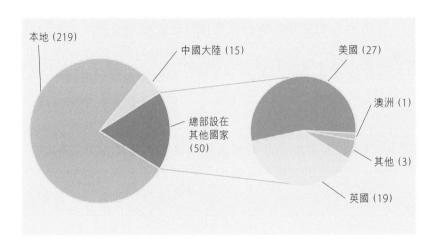

本地 (219)

中國大陸 (15)

美國 (27)

澳洲 (1)

總部設在
其他國家
(50)

其他 (3)

英國 (19)

（修訂）條例》刊憲，前者為仲裁提供了第三者資助的架構，後
者則釐清關於智慧財產權的爭議可以提交仲裁解決。

現狀──香港的仲裁業

　　目前香港有一批活躍且多元化的法律專業人士從事國際仲
裁服務。截至 2018 年 3 月，計有 284 家律師事務所報稱從事
仲裁服務，其中約 50 家是總部設在其他國家的國際律師行，而
15 家是在香港設有辦事處的中國大陸律師行（圖 8.1）。在這些
律師行裏同時有具備香港律師執業資格、外地律師執業資格及

雙重資格的律師，不過來自「一帶一路」沿線國家的律師事務所與法律專業人士的數量仍有待提升。

來自中國和世界各地的仲裁機構也在增加它們在香港的參與程度。2008 年 11 月，巴黎的國際商會 (ICC) 國際仲裁院在香港設立秘書處分處。2012 年 9 月，中國國際經濟貿易仲裁委員會 (CIETAC) 設立了香港仲裁中心，它也是該會在中國大陸以外地區的第一個分支機構。2015 年 1 月，海牙常設仲裁法院 (PCA) 與香港簽署一份行政安排備忘錄，允許由它管理的臨時爭議解決程式在香港進行。2017 年 10 月，中華民國仲裁協會 (CAA) 宣佈計畫在香港建立其國際分支機構，並且設立籌備處以提供相關服務。

截至 2018 年 3 月，香港律師會已經接納了 24 名律師仲裁員，而香港大律師公會則有 105 名註冊大律師仲裁員。與此同時，HKIAC 仲裁員名冊及名單小組有 244 名成員以香港為執業地點，而 CIETAC 仲裁員名冊上有 74 人是香港居民。新加坡國際仲裁中心 (SIAC) 和深圳國際仲裁院 (SCIA) 儘管未有香港分支，但它們在香港也分別有 27 名和 146 名仲裁員。這四家仲裁機構共有約 390 名香港仲裁員，其中 35 名是來自「一帶一路」國家，包括新加坡、紐西蘭、印度、南韓、馬來西亞、波蘭、俄羅斯和尼日利亞 (表 8.1)。

表 8.1　香港仲裁員的國籍

	HKIAC	CIETAC	SIAC	SCIA
澳洲	29	4	3	9
奧地利	2	0	0	0
比利時	1	0	0	0
加拿大	15	0	1	6
中國	19	10	2	21
丹麥	1	0	0	0
法國	3	0	0	2
德國	3	0	0	1
香港	56	62	5	96
印度	3	0	0	0
愛爾蘭	3	0	0	0
意大利	0	0	0	1
馬來西亞	5	0	0	0
荷蘭	1	0	0	0
紐西蘭	7	2	1	1
尼日利亞	1	0	0	0
波蘭	1	0	0	0
俄羅斯	1	0	0	0
新加坡	13	0	3	4
韓國	2	0	0	0
瑞典	1	0	0	0
瑞士	4	0	0	0
英國	87	2	15	35
美國	12	2	0	4

「一帶一路」下的機遇與挑戰

香港作為國際仲裁中心的許多優勢在「一帶一路」倡議背景下仍然有效。《紐約公約》一直適用於香港司法管轄區，近幾十年又批准了 UNCITRAL《示範法》大部分的內容，而它們都被視為這一領域立法的國際標準。香港法律另一個顯著的特點，就是可以相對輕鬆地在香港、澳門和中國大陸之間相互執行其仲裁裁決，而香港法院在國際上深受信賴，被視為是可以有效地支援仲裁的工作。

本地的法律市場對國際競爭也持開放態度。大批外國專家能在香港設立基地繼續進行國際業務，他們要取得本地執業執照也相當容易。沒有本地律師或大律師資格的人可以註冊成為外地律師，藉以從事他／她合格的司法管轄區法律業務，而且這些外地律師還能透過獲得豁免或者通過考試，被接納為香港律師或大律師。相比之下，中國和許多其他國家的制度，根本不讓外地律師輕易獲得本地律師執業資格，足見香港在這方面表現更加出色。

近年，有一些國際仲裁中心建立了離岸的普通法司法管轄區，例如作為杜拜酋長國下一個特殊司法管轄區的杜拜國際金融中心，它就是根據普通法來實行一套法規、法律和法院體系。在中國大陸的一些城市，也正考慮採用類似方式來發展它們的仲裁業務。而對於這些嘗試，香港無疑享有明顯優勢，因

為香港即是中國的一部分，又在「一國兩制」框架之下建立了一套長期行之有效的普通法制度。

　　大多數非中國國際仲裁機構都可以在香港自由管理案件和作出裁決，但是在中國大陸則不可。儘管如此，有人卻預期中國當局未來可能會放寬有關限制，如果中國當局允許執行其仲裁裁決，他們有進一步增長的可能性，故此這些國際仲裁機構應該頗有興趣先增加其在香港的活動，以替它們未來在中國大陸獲得業務資格做好準備。

　　不過，如果香港想要加強自身於「一帶一路」倡議下的仲裁樞紐地位，那麼我們依然得應付一些明顯的挑戰。香港雖然有一批由本地和國際合資格人士組成的專業仲裁員隊伍，但目前在香港的大多數國際律師行都來自英國、美國和澳洲，它們當中基本沒有一所來自其他「一帶一路」的發展中國家。即使在香港仲裁機構的仲裁員名單中，來自「一帶一路」國家的人數也非常有限。

　　同時也有跡象表明，香港作為國際仲裁服務提供者的吸引力正逐漸降低。HKIAC 儘管至今仍為世界上最成功和最受歡迎的仲裁機構之一，但實際上它在過去幾年中接受的仲裁案件已經有所減少（圖 8.2）。在提交給 ICC 國際仲裁院的仲裁案件中，新加坡自 2004 年以來一直是有關各方在亞洲的首選仲裁地，並且大多數時間還是仲裁院指定的首選仲裁地（表 8.2）。2018年 5 月，由倫敦瑪麗皇后大學發佈的最新國際仲裁調查結果，更加顯示新加坡已取代香港，成為亞洲區最受歡迎的仲裁地。

圖 8.2　香港國家仲裁中心仲裁案件數量（1985–2015）

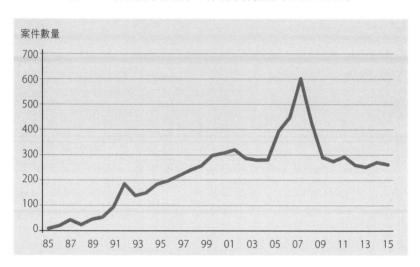

表 8.2　ICC 國際仲裁院的仲裁案件

年份	當事人指定		仲裁院指定	
	香港	新加坡	香港	新加坡
2004	3	4	0	6
2005	3	12	1	2
2006	7	10	1	1
2007	3	13	2	2
2008	10	29	1	1
2009	7	30	1	4
2010	11	23	3	1
2011	4	22	4	2
2012	10	31	2	5
2013	14	32	0	1
2014	16	23	0	1
2015	8	35	2	0
2016	8	22	0	4

政策建議

鑒於多數與「一帶一路」倡議有關的潛在爭議將會來自發展中的「一帶一路」沿線國家，香港應該要增加來自這些國家的律師事務所的數量，以加強對與「一帶一路」國家商業交易的法律服務支援，具體形式可以是讓它們直接來香港設立代表辦事處，或是跟已經在香港有基地的律師行成立聯合辦事處。作為在早期階段推動有關措施的助力，我們可以考慮加入一些政策誘因，譬如為它們提供和擴大在法律服務中心的辦公空間、給予公共設施以及稅收優惠等等。大專院校在這方面也得扮演一定角色，它們的仲裁課程要延伸至來自「一帶一路」國家的學生，如果可能的話政府還應該給予他們獎學金資助。

由於香港現有的仲裁機構皆來自西方國家或大中華地區，因此，我們也建議採取措施，吸引「一帶一路」國家的仲裁機構來港設立分支機構或秘書處，例如孟加拉國際仲裁中心、利維坦仲裁法院、柬埔寨調解和爭議解決中心及泰國仲裁中心。這些仲裁機構能夠在香港出現，將增強有關國家的企業對於香港作為一個適當仲裁地的信心。

與此同時，目前來自中國大陸和海外國家的居民需要申請工作簽證才能夠參與香港的仲裁程式。為了提高香港作為國際仲裁樞紐的競爭力，我們建議政府簡化有關程式和免除就業簽證的要求。新加坡從 2008 年通過《海外人力就業（工作簽證豁免－指定活動）通告》，只要仲裁員符合一定的條件規定，就能免除這項要求。

我們也認為有必要加強本地人才的培訓和專業發展課程。我們的香港專業人士並不是完全熟悉「一帶一路」國家的文化、語言和法律制度，但如果他們想為這些國家的客戶提供服務，這些都會是必不可少的知識。例如，本地法學院的培訓課程應該有更多關於伊斯蘭法的內容，持續進修教育亦應該有更多外語課程，而院校與政府也應該支持跟「一帶一路」相關的學術會議以及交換生活動。

此外，雖然香港本應是解決「一帶一路」爭議的最佳場地，但我們似乎並未向內地社群積極推廣自己。為支援「一帶一路」爭議解決機制的發展，中國政府最近已分別在西安和深圳設立了國際商事法庭，可是，建立這樣的法院難免會遇到許多困難，包括它們是否可以使用外語進行訴訟、能否採取國際化的程式規則，或可否委任非本地法官等等，然而在雙語運作且容許委任外籍法官的香港法院系統裏，這些問題大部分都已經得到解決。香港無疑應該多做一些工作，向中央政府推廣自己作為解決「一帶一路」爭議場所的地位，而一個溫和的建議可能為在原訟法庭建立專門「商事」部門，該部門最初僅會負責「指派」特定的法官和時間來審理這種爭議，例如商業案件申請只在星期五早上由商事法官進行聆訊，而商業案件的初步申請也可由商事法官而非聆案官聆訊。

在應用新科技協助爭議解決方面，香港與中國內地的合作同樣亟待加強。香港政府及法律界正在建設名為「一帶一路仲裁及調解中心（eBRAM）」的網絡爭議解決平台，而中國最高人

民法院也一直在進行簡稱「天平工程」的國家司法審判資訊系統工程。雙方本應該借此契機分享資訊和技術，研發出一套針對「一帶一路」爭議的線上爭議解決機制，我們建議 eBRAM 的負責者主動聯絡國家有關部門，讓該平台能與內地「天平工程」接軌，這樣也可以加強平台對於中國投資者的吸引力。

基於大部分有關「一帶一路」倡議的潛在爭議將牽涉中國投資者和外國政府的「投資者－政府爭議」，我們的政府與仲裁專業人員也有必要直接去説服有關團體，選擇香港作為爭議解決地點。為了提升本地仲裁專業人員在這方面的競爭力，他們應該增強針對這些客戶的專門知識，譬如是了解正在進行中的中國國有企業混合所有制改革走向。

此外，我們應該加大對全球重大仲裁活動的投資力度，並進一步提升香港在該領域的知名度和參與度。例如，2018 年在悉尼舉行的國際大會及會議協會（ICCA）大會，就成功地在國際仲裁界之間推廣了澳洲作為仲裁地的地位。香港社會應該更積極主動參與投標舉辦類似的活動，而政府也應該要考慮向它們免費捐贈場地。

最後一點，就是香港還應該更好地利用目前在本地舉辦的國際活動，譬如是香港城市大學舉辦的威廉姆斯－維斯國際商事模擬仲裁庭東方賽區辯論賽（Vis East Moot）與爭議仲裁周，而在這些活動當中，同居香港這一塊彈丸之地的大專院校、專業人士、政府和司法部門等持份者，亦應該加強彼此溝通、摒棄成見和競爭心態，一同為持續改善香港出謀劃策。

結語

　　香港過去憑藉其長期以來的仲裁歷史和充分的監管支持，創建出一套相當有利仲裁的法律體系，並且成就了替代性爭議解決樞紐的地位。不過，在「一帶一路」倡議所影響的新的國際環境下，香港的地位同時面臨機遇和挑戰。本章提出將我們的法律人員和仲裁機構多元化以增強我們的傳統優勢，同時還呼籲更好地對中國內地和國際社會推廣香港於「一帶一路」倡議下的關鍵角色。我們亦建議香港學者、法律專業人士及政府、社會各界努力增強彼此的溝通與協作，尤其是在舉辦及參與 ICCA 大會、Vis East Moot 等重要國際活動時應該更加落力，這樣才能幫助香港，強化它在「一帶一路」倡議裏作為國際爭議解決樞紐的地位。

第 9 章

解決爭議〔二〕
建立粵港澳大灣區調解中心

陳志軒　林峰

　　經充分考慮當事人利益後，調解可為當事人提供靈活的爭議解決方案。與各種形式的裁判不同，調解不是一個零和遊戲，它側重於幫助當事人達成共識，而不是分出輸贏。因此，在討論如何在粵港澳大灣區構建一個有效的調解體系之前，我們必須先充分了解調解的性質。

　　一般認為，調解是一個具備特定核心屬性的程式：調解是一個基於當事人自願參與的程式，它由一名（或多名）無裁判權的仲介人有系統地在當事人之間進行聯絡，以求讓當事人們自行承擔解決他們爭議的責任。Hopt 和 Steffek（2013）從比較角度來定義調解，他們發現「廣泛的共識是：（1）爭議的存在；（2）自願的性質；（3）有系統地促進當事人之間的溝通；（4）解決爭議屬於當事人的責任，而且仲介人方面並無決策權。」看來普遍的共識是調解屬於一個高度自願過程，否則很難成功。儘管個別司法管轄區傾向於限制調解的自願性質，例如意大利就規定啟動司法受理程式前必須先作調解，不過自願性仍然是「調解的一項基本元素」。關於有系統地促進當事人的溝通這一核心屬性，他們也觀察到「調解的特點是有意識地採用稔熟手法來促進當事人溝通，而非任性而行或罔顧對方的利益」（De

Palo, G. & Keller, L., 2013），這一觀點剛好與 Jagtenberg 和 de Roo 關於「現代調解」的定義不謀而合：

> 所謂現代調解，我們是指稱作為一項專業行為的調解。調解員需要展示出他們已經掌握好一整套新專業知識；他們必須持有執業資格（至少在一些國家內）；人們預期他們知曉如何運用專業知識駕馭當事人的協商進程。這些特點將現代調解與常規或傳統的調解區分開來，後者的特點是任何人都可以把調解當作自己的副業，操作的基礎只是直覺、權威或人生經驗而已 (Jagtenberg, R. & de Roo, A, 2011)。

儘管大家對調解員在過程中可以介入的程度有不同看法，但一般的共識是調解員不應該被賦予過大的決策權。解決爭議始終屬於當事人的責任，而非調解員的事情。如果調解員做出過多干涉和指示，達成的協議就可能不完全是當事人真實意願的自發體現。Andrews 或許為一名調解員應扮演的角色提供了一個最簡明扼要的概括：「調解員扮演獨立和中立的協力廠商，並鼓勵當事人通過對話協商出一個盡可能雙方都接受的解決方案 (Andrews, N, 2012)。」

Hopt 和 Steffek 的比較研究發現另一項共通之處是「調解的優勢在於它主要針對的是社會衝突，而且法律裁決對此僅能發揮輔助作用」。儘管如此，我們一定不能因為調解在解決社會爭議方面的優勢，便忽視其在正式法律架構之中的功能，像是分流爭議以減輕法庭受理案件數量的負擔。

　　除了上述四項核心特質之外，也有意見認為調解的保密性對維持整個過程的公正性尤為重要，因為這樣才能讓當事人互諒互讓地自由交換意見。

粵港澳大灣區調解監管概述

一、發展中的澳門調解監管

　　儘管澳門法律界正努力推廣調解，但澳門尚未實施「調解法」，故此視乎訴訟程式性質，調解目前仍然受不同行政部門的管制，例如《澳門消費爭議仲裁中心規章》第一條規定：在澳門地區發生涉及金額不高於澳門幣五萬元的消費爭議，應該透過仲介、調解及仲裁方式來解決。[1] 澳門政府亦即將草擬一項涵蓋各種調解事宜的調解法案。該法案的具體內容尚未明朗，但不少業內人士希望它能採納香港《調解條例（第 620 章）》的突出之處。

---

1. 參見 Regulation of the Centre of Arbitration for Insurance and Private Pensions Fund Conflicts (*Regulamento do Centro de Arbitragem de Conflitos em Seguros e Fundos Privados de Pensões*); Regulation of World Trade Center—Macau, SARL (art. 3); Regulation of the Centre of Arbitration of Buildings Administration of 2011 (*Regulamento do Centro de Arbitragem de Administração Predial*). The Law of Internal Arbitration Act (*Decree Law n. 29/96/M*) has some legal regulations on quasi-mandatory conciliation (arts. 23).

二、香港的調解規章

調解在香港一般由當事人從評審機構名錄（香港調解資歷評審協會有限公司，HKMAAL）上委任一名獲認證的調解員（作為中立的第三方）來進行。HKMAAL 認證的調解員基本上會採用斡旋性調解，其過程恰如其分地反映了「現代調解」的定義。香港民事訴訟程式的「基本目標」之一是利便解決爭議，而法院作為其積極案件管理的部分，既具備鼓勵當事人利用調解程式來解決爭議的責任，也有說明各方全面或局部和解案件的責任，至於當事人各方及其法律代表也有責任協助法庭履行有關職責。

《實務指示 31》（PD31）的引入就是用於幫助法庭履行該職責。在 PD31 下，如果有可接納的材料確立當事人一方無故缺席調解，法庭將會對其發出不利的訟費令，但若當事人已參與調解並達到各方之前協議或法庭在調解前指示的最低程度，又或者當事人有解釋不參與的合理原因時，法庭不會以當事人無理缺席調解而發出訟費令。

三、中國內地的調解規章

中國內地有不同類型的調解，《民事訴訟法》規定法院調解必須根據自願的原則進行，然而由於各種原因這種自願性原則在實踐中並沒有完全落實（Chan, P. C. H, 2017）。法院也可以把案件轉介給「外部機構」（通常是人民調解委員會）來進行調解，經調解達成的協議一旦經法院的司法確認程式認可，就具備有

強制執行的約束力。這些由法院或人民調解委員會進行的調解基本屬評估式調解。

中國還成立了一些收取行政費用以解決商事爭議的私營調解機構,其中最有影響力的就是中國國際貿易促進委員會／中國國際商會(CCPIT/CCOIC),它的調解中心業務覆蓋全國。該調解中心成立於 1987 年,在全國各省、市、自治區及一些重要城市設立分會調解中心四十餘家,形成了龐大的調解網路。[2] CCPIT/CCOIC 在中國的影響力巨大,而它們進行的調解基本屬斡旋性調解。

粵港澳大灣區現有的聯合調解倡議

粵港澳大灣區是世界上增長速度最快的經濟地區之一。澳門扮演的角色是娛樂業(博彩業)、會展業和旅遊業中心,香港仍是一個穩健而強勁的國際金融和服務業中心,而其法治水準一直居於世界前茅,而像深圳等廣東明星城市則是內地發展最快的高科技和互聯網公司的基地。該地區驚人發展的一個特點就是區域內部商事活動增長迅速。當事人需要便宜、有效的爭議處理選項來解決複雜的跨境爭議。受這一潮流的影響下,這

---

2. 關於 CCPIT/CCOIC 調解中心的簡介,參見 http://lad.ccpit.org/second/index.aspx?nodeid=3(最後訪問日期:2018 年 4 月 3 日)。

些地區引進了一些先導計劃來優化現有調解體系，以滿足與日俱增的商事需求。

一、內地—香港聯合調解中心

目前只有一家跨境調解中心會處理有關香港與中國內地的爭議，它就是在 2015 年由中國國際貿易促進委員會／中國國際商會調解中心與香港調解中心共同成立的內地—香港聯合調解中心（MHJMC）。

MHJMC 的目標之一是為中國內地、香港及海外企業提供一個解決跨境商事爭議的平台。它同時致力於為跨境調解員提供統一的專業評審機制和協助培訓他們。凡是完成跨境調解員培訓證書課程、並通過相關資格認證評估的人，都可以申請成為 MHJMC 的一名國際認可專業調解員。該證書課程主要針對那些有意處理跨境商事爭議的香港認可調解員，學員們在課程中可以學到跨境商事爭議的調解模式，並熟悉內地的爭議解決機制。

在跨境爭議解決服務機制下解決爭議的當事人可將他們的和解協議轉成仲裁裁決。內地—香港聯合調解中心建議所有合同加入下列示範調解條款：「本合同之各方當事人均願將因本合同引起的或與本合同有關的任何爭議，提交內地—香港聯合調解中心，按照申請調解時該中心現行有效的調解規則進行調解再銜接仲裁裁決。」

內地—香港聯合調解中心的調解屬促進式調解，[3]這種調解模式較中國內地和解程式常用的評估式調解更有效，而聯合調解中心的跨境爭議解決機制也更符合成本效益。[4]

二、前海經驗

要討論商事爭議解決的創新舉措，我們不得不提廣東的三個自由貿易區，它們分別是前海—蛇口、南沙和橫琴。

深圳前海合作區人民法院（前海法院）在另類議解決方式領域的創新尤其引人注目。[5]該法院位於深圳前海深港現代服務業合作區內，是為該區服務的基層法院。前海法院的一個特點是：它對深圳所有訴訟標的金額為人民幣 5,000 萬元以內的涉外及涉港澳台商事案件均有管轄權。為了更好地處理日益增多的涉外案件，前海法院實行訴前調解程式，負責的調解員團隊

---

3. 《內地—香港聯合調解中心調解規則》第 8 條規定：「調解員會採用香港國際調解模式調解，並透過其認為適當的方式與各方當事人會見或與其進行口頭或書面形式的交流。調解員可採用其認為適當的方式進行調解。如調解員認為確有必要，在徵得當事人同意後，也可以聘請有關行業的專家協助參與調解工作，所需費用一概由當事人承擔。

4. 關於具體的調解預算，請參見網址：https://mhjmc.org/en/Page Format_6. php?fmd=28（最後訪問日期：2018 年 4 月 3 日）。

5. 前海法院的創新之處在於它不設業務庭，取而代之的是審判團隊。取消業務庭是為了減少審判過程中的行政層級。目前中國其他法院中，審判法官仍需向業務庭負責人彙報，業務庭負責人對於法官如何裁決案件都有或多或少的影響。把業務庭作為行政單位整體取消的創新之舉，意味作審判法官在裁決時有更大的自決權和靈活度。在這一新體制下，案件經登記受理後，就直接轉交相關負責法官對案件進行聽審，無需再走多業務庭的行政流程。前海法院的法官都是從深圳各基層和中級法院的法官中嚴格審核挑選出來的業界精英。

由來自深圳、香港和其他地區的法律從業員（至少擁有五年或以上從業經驗）組成，這支跨境組合的調解員團隊為高效處理涉外案件創造了條件。遇到涉港案件，法院就會將它轉介給港籍調解員（在當事人許可的情況下）。[6]此外值得一提的是調解過程對科技的運用，前海法院的調解員可以使用線上平台（例如微信）進行調解前的準備工作，甚至調解本身也可以這一方法來運作（例如使用視訊會議功能）。

前海法院還對急遽增長的「一帶一路」相關國際爭議做出了迅速反應，並成立了前海「一帶一路」國際商事訴調對接中心（前海中心）。該中心由來自不同國家的 40 名調解員組成。前海中心的目標有以下幾個：

1. 將海外仲裁程式與在中國（深圳）的執行程式有效對接；

2. 維持一支海外調解員隊伍來處理多國商事爭議；

3. 採用最新科技讓世界各地的調解員無需親臨現場也能夠在前海中心進行調解；

4. 與世界各地不同的仲裁和調解組織維持緊密的聯繫。

前海法院也是首批審決商事爭議時適用香港法律的中國法院之一，只要當事人在合約中協議選定香港法律即可。根據黨的最新政策意見，最高人民法院會在北京、西安和深圳設立三

---

6. 前海法院的調解員甚至可以適用香港、澳門和其他地區的法律來調解糾紛，而促進式調解員則無此項權力。

個國際商事法庭，其作用主要是應付「一帶一路」帶來的爭議解決挑戰。

三、南沙經驗

南沙區法院與前海法院相似，同樣設有一個訴前調解程式。

它的一個值得注意之處，就是開發了一個線上商事調解手機應用程式。該應用程式可以有效地促進當事人的訴前溝通以及調解過程，對於跨境商事爭議尤其有用。而與前海法院相似，南沙區法院也有一支由港籍調解員組成的隊伍幫助處理涉港跨境商事調解，這些香港籍調解員可以自由運用他們習慣的調解方法，他們較內地同行更多運用促進式調解），而香港的當事人一般也更偏好促進式調解，故此採用港籍調解員並允許他們沿用香港習慣，獲得了非常正面的結果。[7]

另一個值得注意的發展，則是南沙區法院還成立了「一帶一路法律業務專業委員會」，以推動在處理「一帶一路」倡議相關爭議時運用調解。該委員會還把與「一帶一路」倡議相關的裁決彙編成書，並組建了一個研究小組探討與「一帶一路」倡議相關的法律議題。

---

7. 如欲了解香港調解員如何展開調解的案例，請訪問以下網頁 www. legaldaily.com.cn/index_article/content/2017-03/30/content_7073752. htm?node=5955（最後訪問日期：2018 年 4 月 3 日）。

四、橫琴經驗

由於橫琴毗鄰澳門,橫琴新區法院要處理廣東省內大量涉澳案件,當中不少案件是透過調解程式來處理。在 2014 年到 2016 年間,有 124 次涉澳商事案件是在橫琴新區法院用調解來解決,期間同類案件總數為 652 件。自 2017 年起,橫琴新區法院更委任了 26 名特邀調解員來處理跨境爭議。

展望未來——
建立粵港澳大灣區超級調解中心的可能性

儘管現有機制有助於整合粵港澳大灣區不同的調解體系,但在提高跨境爭議調解的一致性和效率方面還有很大的改進空間。

一、調整中國法院跨境爭議的訴前調解程式

在前海法院等地的跨境爭議訴前調解程式,從理論上看來不錯,但實際上外籍調解員很少獲邀去處理案件。[8] 內地法院似乎不太願意在毫無監管的情況下將案件轉介給一名外籍調解員來全權處理。這種情況與港籍人民陪審員制度形成強烈反差,

---

8. 出自對廣東自貿區某法院的一位香港調解員的訪談 (2018 年 4 月 2 日)。

因為港籍人民陪審員只是一個案件裏的三名審判員之一。為了未來着想，這種思維模式亟待突破。

二、將訴前調解程式適用範圍擴展至廣東省的所有跨境爭議

目前，只有三個自由貿易區的法院，可以透過特邀調解員來運用訴前調解程式處理跨境爭議。這一程式如果操作得當，將有利於為當事人匹配背景相似的調解員。舉例來説，即使爭議解決地在內地，許多香港當事人仍然偏向於邀請來自香港的調解員進行調解。隨着廣東省跨境爭議案件數量穩步上揚，將這一程式適用於全省應為明智之舉。

三、將內地 — 香港聯合調解中心的業務範圍擴展至澳門、 並成立粵港澳大灣區調解中心／協會

目前，內地 — 香港聯合調解中心只面向內地和香港，有建議認為應該將澳門（甚至台灣）納入其服務範圍。除外之外，內地和香港的其他調解機構也可以加盟這一超大型跨境調解中心。隨着服務範圍擴大和更多其他調解機構的加入，未來的「粵港澳大灣區調解中心」可以處理更多涉及多個司法管轄區的複雜案件。

四、在未來的粵港澳大灣區調解中心設立統一準則

　　未來加入粵港澳大灣區調解中心的調解機構，應該在任命調解員方面達成一套聯合準則。顯然，鑒於調解中心未來受理跨境案件的多樣性，調解中心還應該設置不同的調解員名冊。跨境調解員的資格認證體系亦要由加盟的調解機構共同管理，培訓課程應該包括學習中國法律元素，因為在大多數情況下爭議當事人的其中一方都是來自內地。加盟的調解機構更須設計一套處理跨境爭議的示範調解規則，其基礎可以是內地—香港聯合調解中心現行的調解規則。

五、粵港澳大灣區調解督導委員會

　　作為一個即時步驟，我們應該設立一個調解督導委員會，檢討現有體系和提出改進建議，該委員會的成員應該包含各司法管轄區內的司法界人士，以及各調解機構的代表，另外也可以邀請另類爭議解決專家來擔當顧問。

「一帶一路」倡議下爭議解決的需求

　　「一帶一路」倡議是一項史無前例的經濟一體化的嘗試，它涵蓋了逾 68 個國家。由「一帶一路」倡議產生的經濟活動可能導致三個領域爭議的增加：

　　1. 私人投資者和國家之間的投資爭議；
　　2. 國家之間的投資爭議；

3. 常規的私人商事和投資爭議（王貴國、李鋆麟、梁美芬，
   2017）。

這些爭議跨越不同的司法管轄區，內容又集中在基礎設施建設和重工業領域，所以通過國家法院解決有關爭議並不理想，當事人能夠選擇的解決爭議方案相當有限。這時調解就可以展現其優勢，它不以任一特定國家的規章制度作為依據，只要當事人對調解基本框架達成共識，爭議解決的程便能根據當事人意願兼顧靈活性和包容性，這點特別適合往往牽涉多個不同國家和私人機構的「一帶一路」相關爭議。

未來的粵港澳大灣區調解中心應當採用一套通用的「一帶一路」調解準則。這個「一帶一路」調解體系要考慮以下幾個方面的問題：

1. 「一帶一路」爭議的特性（參見上文討論）；

2. 由於這些爭議經常涉及其他國家，因此需要確保調解機制的國際認可性；

3. 當事人之間的文化差異，例如調解員要受訓學習各種細微禮節；

4. 終局性的需要，例如該體系須確保協議能及時、划算地轉為仲裁裁決。

鑒於中國在「一帶一路」倡議中的領導地位，我們建議在中國成立「一帶一路調解協會」，該協會應積極邀請其他「一帶一路」國家相關的調解和仲裁中心加盟，並且扮演統一「一帶一路」另類爭議解決方法規範與推動有利「一帶一路」爭議解決政策的角色。

結語——香港在推動粵港澳大灣區調解的角色

在推動粵港澳大灣區的調解方面，香港具備有獨特的地位，原因如下：

首先，香港作為國際領先的爭議解決中心具備豐富的調解經驗，從 2010 年《實務指示 31》生效以來，大部分在香港進行訴訟的當事人，都會嘗試用調解來解決爭議以回避訟費令，由此可見調解是香港解決爭議的規範。而就語言能力來說，香港調解員亦習慣使用英文、粵語和普通話進行調解。

第二，HKMAAL 設有一套完整的調解員認證體系。如果想成為一名調解員，候選人必須參加 HKMAAL 認可的培訓課程並且通過 HKMAAL 考核；如果想成為一名綜合調解員，候選人更需要在考核過程中調解至少兩宗模擬綜合（非家事）調解個案。[9] 正是通過這套統一認證體系，香港才得以維持調解的標準和最佳做法，而這套統一的標準對於粵港澳大灣區調解基礎框架的整合尤為重要。

第三，作為一個國際港口，香港的許多商事和投資爭議都具備有跨境的元素，而香港的調解員也能夠駕馭這些跨境爭議的多面性和複雜性。隨着未來粵港澳大灣區內跨地區商事和投資的蓬勃發展，香港憑藉其處理跨境爭議的豐富經驗，將為發展粵港澳大灣區調解事業提供獨特的視角。另外作為國際金融中心，香港同時是著名的金融爭議解決樞紐，例如金融糾紛調

---

9. 參見 www.hkmaal.org.hk/en/HowToBecomeAMediator_G.php

解中心（FDRC）就為各金融機構和大眾投資者提供獨立的調解和仲裁服務。

第四，香港早就通過內地──香港聯合調解中心與內地建立良好的合作關係，又和廣東自由貿易試驗區內的三個法院建立了聯繫，另外香港與內地的調解、仲裁機構間也有着各式各樣的交流和合作，故此香港只需要進一步深化這些聯繫即可。

最後，香港的普通法傳統和法治理念也給香港在推進粵港澳大灣區調解業務上帶來了一定的比較優勢，因為調解無法存在於法律真空中，法定規則和判例法對設立調解的操作規範至關重要，而香港的傳統法律架構正好在這方面可資借鑒。

香港無疑會將帶頭推動粵港澳大灣區調解體系的一體化進程，但仍須掃除現存的一些障礙，其中之一就是香港在調解過程中對創新科技的使用依然相對滯後。為了解決這個問題，香港特區政府律政司啟動了 eBRAM.hk，這是一個專門針對「一帶一路」項目爭議的網上另類爭議解決平台（兼含仲裁、調解）。eBRAM.hk 平台會對經加密上傳的檔作出嚴格存取控制，又提供保密視訊會議服務供當事人進行交流，還採取措施確保位於香港的技術設備免受網路攻擊，讓所有加密資料能安全地儲存在它的資料中心裏。[10] 未來，香港應當吸引來自不同司法管轄區（尤其是中國內地）的當事人使用 eBRAM.hk 平台，並且可以將該平台推廣到一般商事無關「一帶一路」的爭議案件上。

---

10. 參見 www.beltandroadsummit.hk/pdf/Programme/DOJ_Ms_Teresa_Cheng.pdf

第 10 章

如何鼓勵香港青年
自主參與粵港澳大灣區

李芝蘭　鍾碩殷

　　粵港澳大灣區（下稱大灣區）範圍包括香港、澳門兩個特別行政區，以及九個廣東省城市。有別於世界三大著名灣區（即三藩市灣、紐約灣和東京灣），這「9+2」個區和市，不單發展出各自的優勢產業，更綜合形成「一國兩制」的多元制度優勢——以公共管治、法律和稅務等方面的制度差異促進中國的國際化、改革和創新發展。從國家發展戰略的角度來看，大灣區不單純是一套關於深化區域合作、建構更完善的產業供應鏈、「做大個餅」等的經濟發展概念，更重要的是它在推進中國改革開放中所扮演的先行者角色，為中國改革開放提供獨特的試驗場、人才和經驗。

　　大灣區整體持續發展的成功關鍵之一，在於社會各界——尤其是青年——通力合作保持和發揮大灣區的多元制度優勢。青年擁有源源不絕的創意和活力，是未來的社會棟樑；如何鼓勵香港青年參與香港及大灣區的持續發展，是香港特區政府值得深思的課題。觀乎 2018 年《施政報告》中有關協助香港青年到大灣區創業和就業的政策，以及《施政綱領》中提出支持香港青年到大灣區創業和就業的倡議，可見香港特區政府十分重視如何鼓勵香港青年參與大灣區的發展。

現時，除了粵港澳大灣區已確立為國家發展戰略和中國全球戰略「一帶一路」倡議的重要支撐點，若規劃得宜並執行順利，大灣區將來的發展潛力和空間的確存在，不少香港青年更於早年前往廣東，乃至其他省份的城市尋找工作或創業的機遇，從中獲得不少成功經驗和失敗教訓。但是，根據去年和今年不同研究機構（例如香港中文大學亞太研究所、嶺南大學及中山大學、香港廣東青年總會、香港青年動力協會等）進行的民意調查顯示，不少時下香港青年對大灣區感覺依然陌生，部份對中港融合或合作的概念感到疑惑、矛盾甚至抗拒（HK01, 2018a, 2018b），社會出現「政府愈大力宣傳，民間負面標籤愈有增無減」的現象，例如「大灣區人」的概念難以獲得大部份香港青年的認同、「推銷大灣區經濟發展好處即等同趕香港青年回內地」的意見，更不時在主流社交平台出現等。因此，特區政府應首先探討的，是驅使香港青年參與大灣區的發展原因到底是甚麼。

本章嘗試從政策對象（尤其是青年）的角度出發，透過社會心理學的理論理解政策對象如何形成不同程度的動機，以及該等動機對政策對象所帶來的影響，進而思考香港特區政府的應有角色，提出更有效的政策鼓勵香港青年參與大灣區發展。

動機成因理論與分析

　　動機的成因眾多，人們做某些事情，可能是因為那件事情本身很有趣，或為了獲得某些獎勵，也可能是因為被迫的。社會心理學提出經驗主義的「自我決定理論」（Self-Determination Theory），是探討動機成因的主要理論之一（Ryan and Deci, 2000）。與其他視動機為單一概念的理論不同，自我決定理論以「基本心理需求」（innate psychological needs）解釋如何產生不同種類的動機（Moller, Ryan and Deci, 2006）。除了解人類行為之外，自我決定理論更可以協助政策倡議及制定者設計社會環境以達至人們最佳的發展和表現，對公共政策和法律有所啟發（Arvanitis and Kalliris, 2017）。此外，自我決定理論也逐漸被應用在解釋基本心理需求如何影響生涯發展動機歷程的關係（楊育儀、陳秀芬，2018）。

　　根據該理論，三大基本心理需求是影響個體行為（亦即動機）的關鍵因素。首先是「自主性」（autonomy），即感受到自己的行為是出於自主的選擇，可自行決定做或是不做、以及怎樣做。無論是面對任何外在環境的機遇和挑戰，都可以自行掌握和控制自己的決定，不受威迫或要脅。第二是「勝任感」（competence），即解決問題、完成任務或達成目標所帶來的成就感，例如接受挑戰以加強自我肯定和自信、工作生產以體現自身的存在價值。第三是「關連性」（relatedness），即因屬於某特定群組或關係而感受到被他人理解、認同和支持，進而產生連接感、親密感和安全感。自我決定理論認為，人們之所以

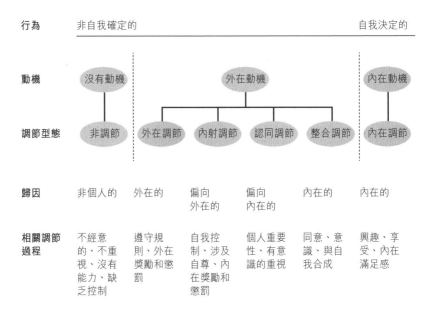

圖 10.1　顯示動機種類及其調節型態、歸因和相應過程的自我決定光譜

行為	非自我確定的					自我決定的
動機	沒有動機	外在動機				內在動機
調節型態	非調節	外在調節	內射調節	認同調節	整合調節	內在調節
歸因	非個人的	外在的	偏向外在的	偏向內在的	內在的	內在的
相關調節過程	不經意的、不重視、沒有能力、缺乏控制	遵守規則、外在獎勵和懲罰	自我控制、涉及自尊、內在獎勵和懲罰	個人重要性、有意識的重視	同意、意識、與自我合成	興趣、享受、內在滿足感

（圖片來源：Ryan and Deci, 2000, 第 72 頁）

會產生動機做某些事情，無非就是為了個別或完全地滿足以上三項基本心理需求。Greenberger, Steinberg 與 Ruggiero（1982）和 Loughlin 與 Barling（2001）分析青年的工作動機，認為就業質素對青年尤關重要，當中包括提供需要學習和實踐技能的工作、社交機會以及自主機會，這些就業質素正好對應自我決定理論所提出的三個基本心理需求（勝任感、關連性和自主性）。

　　基於以上三大基本心理需求，自我決定理論進一步提出動機可分為兩種：「內在動機」（intrinsic motivation）和「外在動機」（extrinsic motivation）。內在動機的意思是指行為的因果關係都是從內在產生的，做某件事的原因是為了滿足本身那件事而做的，例如享受那件事本身的過程和結果。自我決定理論強調，要產生內在動機，勝任感扮演了重要的角色（Arvanitis and Kalliris, 2017）；但一個人不只需要有能力去做那件事，更重要是有自主性，亦即感受到自己的行為是因為自己的決定而做的（Ryan and Deci, 2000）。這表示任何外在的控制、威迫、「死線」、預設目標、緊迫的評估甚至是達標的獎勵，都會降低自主性的認知，從而削弱內在動機；相反，有選擇和自我引導的機會，由於人們感受到自己擁有更大的自主性，能達致提升內在動機的效果。由於發自內心、真誠的動機，往往比從外加諸的動機更有趣、刺激和有信心，因而更能提升表現、持久性和創意，例如真誠的工作態度，往往比只為糊口的工作態度帶來更優秀的工作表現；老師喚起學生學習的內在動機，學生便更有好奇心和更有信心接受挑戰，更有機會獲得較佳的學習成果。至於關連性在推動內在動機形成的過程當中，也扮演了間接但相當重要的角色。在一個充滿安全感和關連性的人際環境下，自我決定理論認為人們會更有條件產生內在動機、更積極探索新事物（Ryan and Deci, 2000）。因此，政策制定者在設計和推廣政策時，應重視投放更多資源協助青年自行發展其社會關連性，例如人際關係等社會資本，以協助增加安全感和關連性，提升內在動機。

雖然內在動機是一種值得追求的動機，但現實生活中，事情往往都不是直接源自內在動機的，尤其是年青人在成長的階段中，要面對不斷增加的社會壓力和新的責任，外在動機往往逐漸成為不少行為的主要原因。外在動機的意思是指進行某一活動是為了達到一些可分割的結果，例如一名學生真正享受做功課的樂趣，那便可以被視作為內在動機；但如果他是為了將來獲得更美好的前途，又或者是因為受家長控制而做功課，那便應視之為外在動機。當然，從上述例子中，我們不難發現「為了將來獲得更美好的前途」比「受家長控制」含有較高的自主性。因此，自我決定理論根據不同程度的「內在化」（internalization）和「融合」（integration），建構出以不同規範模式（regulation styles）作為區分的外在動機光譜（見圖 10.1 中間部份）：左起是較不自主、受身不由己的外在獎勵或懲罰（external regulation）規範的外在動機，而最右方是較自主、與自己價值觀和需求完全一致的積極配合（integrated regulation）的外在動機。內在化的意思是指人們接受和理解某一價值或規範，而融合是指進一步將該等規範轉化成個人對自己的規範。越是內在化和融合度高的外在動機，自主性越高，其性質和效果越接近內在動機。

強調自主選擇、提升參與動機

鑒於增加自主性對提升動機至為重要（其次分別為勝任感和關連性），若特區政府希望有效地鼓勵香港青年參與大灣區發展把握機遇，提升外在（甚至是內在）的參與動機，其角色、政策和宣傳主調，應首先集中提升香港青年的自主性，提供選擇，讓香港青年在計畫其事業發展時，感覺到參與大灣區發展是他們一個可以自由考慮的可行方案，其次是提升他們的勝任感和關連性。但是，我們注意到，現時特區政府在向青年推廣大灣區的發展機遇時，往往更側重提升青年的勝任感和關連性，相對忽略了自主性；目前偏向宣傳移居的好處，往往只能喚起基本層次的外在動機，對提升到更高層次的外在動機或達至內在動機，效果相當有限。

首先，以「粵港澳一小時生活圈」和最近落成啟用的交通基建（例如高鐵和港珠澳大橋）推銷大灣區的生活便利，讓香港青年能更方便快捷地穿梭各地工作；又以「宜居」程度的提升推銷大灣區的生活質素，例如以低廉的價錢購買或租住面積更寬敞、環境更優美的單位（相對香港），提供更接近香港教育模式的學校等；以及以便利跨境措施吸引香港青年北上，例如前海於 2018 年 3 月取消對區內工作的港澳居民辦理台港澳居民就業證的要求，消除港人到前海上班的政策障礙。這些便民政策，的確有助香港青年解決現實生活問題和實現成家立室等人生目標，某程度上提升了他們的勝任感。但是，即使令大灣區

生活更便利、舒適，亦無助提升香港青年的自主性，因為沒有增加他們參與的選擇。

若要鼓勵香港青年參與大灣區的發展，政府應將「前往大灣區生活和工作」視為香港青年參與大灣區發展的選項之一，香港青年可以選擇去或是不去。事實上，要把握機遇，重點是實務上的實際參與合作；而要鼓勵參與，則視乎各界為香港青年提供了多少選擇讓他們參與（提升自主性），包括選擇在香港工作、或是跨境地參與大灣區業務和合作。

其次，政府乃至不少媒體在推廣大灣區時，往往會以區域或個別城市的經濟增長速度來推銷大灣區的發展前景，例如說「深圳的 GDP 已超越香港」、「大灣區的發展前景可媲美世界三大灣區」等，藉此鼓勵香港青年把握大灣區經濟起飛的機遇，到大灣區創業或就業。先不討論香港青年能分享多少大灣區經濟增長的成果，如此訴諸於經濟誘因的說法，坊間最為常見，但如此推廣方法引起的提升動機效果顯然有限，原因有二：

1. 對於求職者而言，即使內地的經濟迄今前景如何吸引，但現時的人均收入水準始終普遍比香港的低，工資較可觀的工作只限於某幾類高增值行業，例如創新科技和專業服務，香港青年的就業選擇有限（除非在內地工作但領取香港企業發放的香港水準工資）；

2. 對於創業者而言，大灣區可能會為他們提供更多選擇，例如更合適的業務夥伴、較低的營運成本（例如租金和人力資源）、更多投資資金和更大的市場。大灣區的經濟發展有助提升創業者的自主性，提升他們的外在動機

參與大灣區發展。不過，若從關連性的角度考慮，許多香港青年往往更屬意在香港 —— 一個自己更熟識的地方 —— 創業。再者，創業始終是小眾的，初創企業亦一般不會提供大量職位空缺；香港青年北上發展，多數以求職、就業為主。因此，對於香港青年來說，便利創業的經濟誘因最終只能引起某部份人的強烈參與動機。

上述兩點解釋了為何經過政府的努力宣傳後，許多香港青年對大灣區依然缺乏參與的動機。我們建議，政府今後更多強調參與大灣區的發展本身是一個選擇 —— 應否參與、如何參與等問題，香港青年都可自行選擇和決定。

特區政府角色建議

基於香港青年現時前往大灣區就業或創業所面對的實際情況，本章建議特區政府加強扮演兩個重要角色，提升香港青年的參與動機：

1. 為前往大灣區的香港青年提供適時和到位的就業及創業支援；
2. 建立包括香港的大灣區資訊平台，為香港青年提供便利和即時的相關就業及創業資訊，提供更多實際參與的選擇。

若特區政府能充份發揮上述兩個角色的功能，會有助香港青年以至大灣區的持續發展。

首先，針對選擇到大灣區發展的香港青年，特區政府和相關公營機構應提供適時和到位的就業及創業支援，以增加他們的自主性和勝任感。2018年的施政報告提及會向青年發展委員會下的「青年發展基金」注資三億，「資助香港非政府機構為在香港與大灣區其他城市創業的香港青年提供更到位的創業支援及孵化服務」（香港特別行政區政府，2018），讓香港青年自行選擇在香港還是大灣區其他城市發展，增加了青年的自主性，便是一個良好示範。假若特區政府日後推出有關大灣區的政策，在設計和宣傳上皆如「青年發展基金」一樣，強調給予香港青年選擇和自主性，相信有望提升香港青年參與大灣區發展的動機。除了青年發展基金和上述的一系列便民措施以外，特區政府相關部門和機構，例如投資推廣署、香港貿易發展局和香港科技園，可以在大灣區各主要城市增設服務中心或聯絡處，提供即時而簡單的諮詢（例如公共政策、法律、稅務、投融資和市場）、商業指導和配對、就業轉介和經濟援助等服務，投入更多資源（包括資金及社會資本）更適時和到位地協助到大灣區就業及創業的香港青年，提升他們的自主性、勝任感和關連性，進而提升他們更進一步參與的動機。

　　其次，作為資訊流通的促進者，特區政府可建立一個大灣區資訊交流平台，為香港青年提供相關就業及創業資訊。這個平台除了提供北上實習、交流、升學、就業和創業以及各地政府一系列便民措施的資訊之外，更重要的，是提供在香港進行的相關資訊，例如在大灣區有實際參與的香港企業（包括大型跨國企業和初創企業）和機構的招聘資訊、來自大灣區的企業

和商會在香港的活動資訊、在香港舉行的大灣區創業博覽及比賽資訊等，讓選擇留港的青年參加和參考。平台除了主要面向香港青年之外，也可以同時面向大灣區青年，為雙方提供商業配對資訊（例如商業夥伴、技術人才、專業服務等），以促進香港和大灣區初創的跨境合作和發展。在形式上，除了網上虛擬平台之外，特區政府也可以主動籌辦實體活動，例如與企業和大專院校合作舉辦有關香港和大灣區就業及創業的巡迴講座和展覽，促進有關資訊的交流和經驗分享，並透過活動親身接觸香港青年，聆聽他們的意見和回饋，了解他們的關注和取向，從而搜集或推出更多不同的就業及創業選擇。特區政府可透過平台表明「參與發展大灣區不必等同北上」的訊息，為希望留港發展大灣區的青年提供更多不同的選擇，提升香港青年的自主性、勝任感、關連性以至參與動機。

結語

在全球化時代背景下，資訊科技發展一日千里，打破傳統地域界限。大灣區發展的關鍵在於開拓跨區域及社群合作的意願，即走向全球 —— 包括廣東和全中國 —— 的心態，而不囿於辦公或生活的地點選擇。香港「一國兩制」的優勢之一在於多元，而強調自主性、有選擇正是體現多元的途徑之一。面對眾多外地發展的機遇，香港青年客觀上有很多選擇。而做好香港優勢產業，也是把握大灣區發展機遇的重要一環。若香港特區

政府重視如何鼓勵香港青年參與大灣區的發展,首先應注重提升香港青年的自主性,透過青年的自主思考,以及政府和社會人士提供的多元資訊平台,將有助香港青年以至大灣區的持續發展。

第 11 章

改革創新
政府何以更有效助力「一帶一路」

岳芳敏

　　「一帶一路」倡議自提出至今，全球百多個國家和國際組織參與其中，四十多個國家與中國簽署合作協定，形成了廣泛國際合作共識，反映在基礎設施、互聯互通和可持續發展等領域，國際合作意願強烈。在金融危機影響下，「一帶一路」沿線各國更重視發展實體經濟，重視發展製造業，推進工業化、經濟多元化。這為中國企業走出去創造了機遇。另一方面，近兩年來一些項目在海外相繼遭遇挫折，中國 2013 年以來在 66 個「一帶一路」沿線國家宣佈投資的 1,674 個基礎設施項目中，234 個遇阻（金奇，2018）。2018 年初以來，有關「一帶一路」負面評價的文章顯著增加，客觀要求更全面的總結五年實踐，務求完善政策（趙磊，2018）。其中一個重要關節點是探討政府的角色。政府該如何作為才能更有效的助力企業抓住「一帶一路」建設的機遇，同時規避發展阻力和管理好各種風險？

認識「一帶一路」倡議的理論

　　社會各層面對「一帶一路」倡議一直存在多種看法，反映了需要一個更有效的角度來探討「一帶一路」倡議。我們認為這

要從國家發展規律視角來討論。首先，企業走出去、開放發展是一國產業和經濟發展的階段性發展要求。在「三期疊加」的經濟新常態下，產業要實現轉型升級、經濟要持續繁榮發展，必須擴大市場規模。這一點「斯密定理」已經闡明，歐美日等發達國家的發展路徑也已經驗證，開拓國際市場，利用好國內、國外兩個市場、兩種資源，都是一國走向現代化的必由之路。中國在改革開放後通過招商引資、邁向工業化中後期後發展成為製造業大國，也需要不斷開拓新的市場，企業走出去發展的同時，也帶動沿線國家的工業化和現代化，這是各國合作共贏的基石和路徑。

其次，以開放發展新理念引領實施的「一帶一路」建設，形成開放新格局，是中國融入全球化新階段的必然要求，是利用全球資源、推進世界經濟發展的必然要求。從「請進來」到「走出去」，是中國發展階段的升級，是邁入新時代的體現。這是不同發展階段的必然要求，是更好地參與國際分工、配置全球資源的經濟發展階段性需要。

第三，是樹立創新發展理念、落實創新驅動發展戰略的內在需求。熊彼特創新學派將其五種創新歸結為技術創新（包括產品、工藝、市場、原材料創新）和組織管理創新。可見，企業「走出去」、推進「一帶一路」建設是市場創新，是將原來在國內組織進行的產業經營活動轉換到國外運營，這也是在踐行創新發展新理念。

第四，堅持開放發展、推進「一帶一路」建設、構築合作共贏開放新格局，是 21 世紀大國崛起的必由之路。中國以產品、

產能、資金、技術等有效供給，滿足沿線國家特別是亞洲、非洲國家的建設發展之需，合作共贏共同發展，這是創造 21 世紀新的新興經濟體的時代要求。

第五，客觀地看待一些失敗遇阻的項目。首先，要正視出現的問題、客觀分析遭遇阻力的成因。一方面，在「一帶一路」建設過程中開展的基礎設施項目，存在前期可行性分析不足，特別是與當地民眾、基層團體溝通不足導致缺乏相互了解、未達成共識的問題。另一方面，個別項目的實施方需從自身組織管理建設、品質管控等方面找原因，找差距。其次，必須認識到企業走出去、跨國經營面臨更大的經營風險、政治風險等，遭遇挫折、阻力都在所難免，不可因噎廢食，更不可以這些客觀原因為藉口而繼續犯錯。

全面分析把握「一帶一路」各建設主體的訴求

近五年來，「一帶一路」倡議的設計思路和目標已經明確下來，今後需要的就是具體推行的措施了。推進與落實需要深入調研各方實施主體的利益訴求。首先，要了解和把握不同層級政府的不同訴求。自 2013 年習近平總書記提出「一帶一路」倡議以來，得到中央及省、市級政府的高度重視，紛紛制定了發展策略。但不可忽視的是基層政府，比如一些地方的縣、鎮政府對此不甚積極，在現行的經濟保增長壓力下，重視 GDP、稅收的政績考核機制下，基層政府並未對此給予積極到位的支援

和配合，一些部門不了解本地企業的「走出去」情況，對「一帶一路」倡議認識不透徹。因此，扶持企業「走出去」發展，也就無從談起。對此現象，上級政府應應予以重視，研究解決對策。

其次，要了解各類企業融入「一帶一路」發展的訴求和基礎。不可否認的是，大、中小企業，國企與私企對此的需求和訴求不同。當前，很多基礎設施類大項目是國企在推進，特別是大型國企配合國家戰略投資的大項目。這些項目既有成功案例，更有交了學費的失敗投資。如何平衡國家利益與企業利益？如何利用好各方資源，比如智庫、專業化服務等外部資源以儘量降低失敗概率？這些問題值得研究。應該明確的是，「一帶一路」建設，中國不是「提款機」，項目的開展是基於共商、共建、共用的原則。中國政府的幫扶不是去「撒錢」、「送魚」，而是通過基礎設施建設、興辦企業、推動當地的社會建設授人以漁，幫助當地人民形成建設發展自己國家的能力。因此，對於配合國家戰略推進的大項目也要兼顧國企的發展需要，對其要有績效考核，並且在這些大項目建設之前先進行「文化相通、人心相通」建設就顯得非常重要。

深入理解企業的訴求。對於中小企業，尤其是私企的走出去行為，各級政府、行業協會／商會如何先行打頭站、如何提供全面、必要、具體的服務？比如，外派人員的簽證時限、資金扶持、通關成本、沿線物流安全、對外投資法律法規的保障及提供東道國法律法規服務、國內外技術標準的對接等等。調研中我們了解到的企業這些需求，需要理論界及各級政府深入研究、制定對策加以滿足。

第三，要考慮「一帶一路」建設中東道國利益相關者特別是當地居民、消費者的利益訴求。即基於人力資源和項目實施中塑造出的中國企業形象、中國形象問題。這些問題被納入到「軟實力」範疇，經濟社會學稱之為「合法性」、「認受性」。一個基於友好、善意、信任的合作才可能被欣然接受，合作共贏才可能實現。這些年，中國企業走出去中已遭遇的挫折也為我們積累了教訓和經驗。因此，我們需要思考如何建設以人為本的「一帶一路」、如何消除低端、污染型產業的企業形象、如何矯正國人在國際的形象問題、如何構建「一帶一路」建設中的軟實力。

加快改革開放創新、助力企業跨國經營

首先，各類企業要積極變革創新，轉變發展方式，提質增效，提升企業自身「走出去」的實力和能力。一是加快國企的改革創新，做好跨國經營的可行性研究，制定激勵機制，加大成功的激勵性，特別是激發海外開拓者的企業家創新精神，盡量避免或減少失敗損失。加強各類海外人才引進和培養，提高企業技術創新和組織、管理和運營能力。二是學習借鑒國外跨國公司開拓海外市場、利用全球資源的成功經驗。政府和商會、行業協會可以提供培訓、組織企業到海外學習。培養並要求企業要具有戰略眼光、要有社會責任感，樹立正面的中國企業形象，以獲取當地認同。三是國企應加強企業內部合法、合規

性管理，形成企業的法治文化。在國內經營遵章守紀，在東道國同樣遵循當地法律法規、文化習俗。弘揚中國傳統的義利文化，踐行「共商、共建、共用」的「一帶一路」倡議原則，利人利己，從而盡量減少項目開展的阻力。

其次，加快內地開放發展步伐，內外開放相結合，為培育更多全球公司創造環境。擴大對外開放，需要先加快對內開放步伐。加快為內地各類企業構建國際化、公平化、透明化的營商環境，助推企業做大做強，幫助企業形成並不斷提高走出去、跨國經營的能力。

這些都要求加快政府這一供給側的改革步伐。作為制度體制機制等公共產品和公共服務提供者的政府，要通過深化政府行政體制改革和運營機制創新和流程再造，提質增效；通過全面深化體制機制改革創新，完善國內治理與參與國際經濟治理的體制機制。具體思路包括：

1. 加快制定與完善推進「一帶一路」建設、對外直接投資、間接投資所需的法律法規和具體的配套政策措施，保障走出去企業的權益，規範其行為；

2. 加快制定與沿線國家的人員、資金、貨物流動的雙邊、多邊協議和合作措施，以便利要素和商品流動、流通；

3. 在國內加強企業社會責任的監管，加強旅遊業在引導提升遊客海外遊的個人形象。同時，在沿線國家積極推廣宣傳中國文化元素、核心價值觀，構築中國軟實力，特別加強國內企業對外投資中的環保意識，體現高科技含量的現代企業形象，以軟實力助力產能硬實力的輸出。

4. 深化政府改革，轉變政府職能，提高政府的服務效能，補足公共服務基礎設施不健全的短板，為企業轉型升級發展提供條件和環境。

5. 深化行政體制、財政體制改革，降低企業國內投資經營的制度成本、交易費用。加快推廣應用上海、廣東等自貿區的體制機制改革創新經驗做法，不斷消減企業跨國經營面臨的制度性障礙，為企業發展營造公平公正的國際化營商環境。

6. 積極發揮各級行業協會、商會、各級貿易促進會的作用，代替政府先行，為企業走出去創造條件、營造環境。

7. 省、市政府可以因地制宜地結合去產能及「一帶一路」建設任務，建立和創新對基層政府推進「一帶一路」建設的激勵機制，提升其積極性、主動性和創造性。引導帶動核心大企業走出去在沿線國家建設工業園，逐步構建當地的產業集群。

   例如，對於企業走出去較多的區域，在政績考核機制上以涵蓋對外直接投資的國民生產總值（GNP）核算法取代國內生產總值 GDP 核算法，激勵地方政府扶持推動企業走出去發展。同時，政府帶路，與沿線國家和地區簽訂雙邊合作事宜，為企業走出去開山劈路，奠定政治上的保障基石；政府可以引導帶動核心大企業走出去在沿線國家建設工業園，逐步構建當地的產業集群。比如東莞的華堅集團，在 2011 年李克強總理出訪埃塞俄

比亞訂立雙邊合作協定後，隨省政府代表團出訪該國，2012 年在埃塞俄比亞投資設廠。2015 年抓住「一帶一路」發展契機，在埃塞俄比亞奠基建設當地最大的輕工業園，當前已從國內引入 30 多家企業入駐。華堅企業也在埃塞俄比亞實踐着「兩頭在外」的加工貿易模式，原材料配件及訂單主要來自於東莞，而產成品則出口歐美。從自設工廠到投資建設產業園，華堅在自己走出去發展的同時，還在助推着國內傳統產業轉移與非洲國家的產業合作。華堅集團董事長張華榮表示：中國傳統製造業產業鏈轉移到海外，可以在國內留下企業總部，國內產業做品牌、做行銷、做開發，而將生產製造環節放到非洲等具有勞動力成本優勢的地區，從而實現產業鏈的海外轉移對接發展。[11] 當前企業內在的「走出去」發展需求正借力「一帶一路」發展契機，在政府有效支撐下，國內傳統產業轉移，企業取得海外大發展，國內產業結構得以調整。這是傳統勞動密集型產業國際轉移的發展規律使然，也是「一帶一路」建設的內涵、實現路徑和目標之一。

8. 加快貫徹落實《粵港澳大灣區發展規劃綱要》，三地攜手合作，加強產業協同、創新協同，推進粵港澳大灣區

---

11. 張華榮在接受新華社記者採訪時認為，一方面，國內勞動密集型的傳統製造業在成本上漲的情況下正逐步失去競爭優勢，企業有作「走出去」的內在需要，另一方面，當前「一帶一路」的國家戰略也為中國企業走出去拓展經濟發展新空間提供了絕佳的契機。參見 2015 年 4 月 28 日新華網原標題文章：〈中國華堅集團在埃塞俄比亞建設輕工業園 加速挺進非洲力促產業海外轉移〉。

建設。加強與香港政府及其專業化服務組織的合作與協作，積極構建平台，利用香港專業化服務業的資源和管道，服務本地企業對外直接投資。

例如，在珠三角地區，制定優惠政策，加強引入更多更廣泛範圍的香港專業服務組織，為「走出去」的企業提供會計、法律、社區關係、跨國經營管理人才培訓等多元的專業性服務。事實上，用好港澳地區的「第二制」，將有助於內地的深化改革和軟實力的培育，這個影響將超越直接採用港澳的人才和具體服務。

著者介紹 (按筆劃序)

王澤森，現任香港城市大學金融學副教授，專長於銀行風險管理，曾擔任信用評級機構主席，金融信託公司董事和多家商業銀行風險管理顧問。王博士畢業於英國劍橋大學，英國艾塞克斯大學及香港中文大學。在大學工作以前，他有七年時間從事投資銀行工作，負責外匯，貴金屬及衍生工具交易。他於 1999 年獲香港城市大學授予教學優秀獎。

巫麗蘭，香港城市大學會計學系教授，香港持續發展研究中心副總監。巫教授是香港會計師公會會員、英國特許公認會計師協會資深會員。研究興趣包括內部監管制度、審計、中國會計及稅務相關議題，其論文刊登於國際著名學術研究期刊。除學術論文外，巫教授近年亦參與多項有關香港專業界別持續發展的研究。

李芝蘭，畢業於英國倫敦大學，香港城市大學公共政策學系政治學教授、香港持續發展研究中心總監以及香港持續發展研究樞紐召集人。李教授強調合作和衝突在理解政治和公共政策中的共同作用，多年來研究中央與地方關係、中國政府改革、法治和改革關係、公共財政等領域。近年來，專注於香港和區域間的跨境關係和持續發展，並發起香港持續發展研究樞紐和香港持續發展研究中心，以進行更多應用研究應對現實生活的挑戰。

李建安，香港城市大學公共政策學系副研究員；香港持續發展研究樞紐成員。研究興趣包括香港公共及社會政策、中國經濟及農村發展。近年專注一帶一路進程與香港的關係。

岳芳敏，廣東行政學院經濟學部教授。博士研究畢業於中山大學管理學院企業管理專業，香港城市大學香港持續發展研究中心特約研究員，廣東省人大常委會財經專家，研究範圍：產業經濟與區域經濟，生態經濟，制度經濟。關注一帶一路與粵港澳大灣區建設、廣東專業鎮式產業集群轉型升級發展，中國城市化進程中的生態文明建設，行政體制改革、財稅體制改革。

林峰，法學博士，現任香港城市大學法律學院教授、副院長，司法教育與研究中心主任，*Asia Pacific Law Review*（《亞太法律評論》）聯席主編，香港法律改革委員會委員，香港執業大律師，研究方向為憲法與行政法，曾發表中英文論文數十篇。

姬超，深圳大學經濟學博士，山西大學政治學博士後，香港城市大學公共管理博士後，香江訪問學者。主要研究方向為經濟增長與政府治理，近年來的研究聚焦於經濟增長的甄別與區域比較、一帶一路與香港持續發展，以及中國基層治理問題，主張從經濟學、政治學等跨學科視角，將經濟、政治變數內生化，以更好的理解中國經濟和政治發展事實。

梁雨晴，深圳大學管理學院公共管理系助理教授，香港城市大學公共政策系博士。深圳市海外高層次人才「孔雀計畫」C 類。深圳市南山區領航人才。研究領域包括地方政府改革、制度變遷、公共住房政策等。在《公共行政評論》、*Asian Politics & Policy*、《學術研究》等中、英期刊發表論文數篇。在美國 MPSA，荷蘭 INS，澳洲 Melbourne-Renda International Conference 等國際學術會議上公開進行過論文演講。主持和參與廣東省、深圳市、香港特別行政區研究課題數項。

郭文德，香港中文大學歷史學系哲學碩士、文學士（一級榮譽），劍橋大學中國研究學博士候選人，現職香港城市大學公共政策學系高級副研究員，參與香港持續發展研究中心一帶一路與粵港澳大灣區等相關研究。此前曾任媒體記者、編輯。

陳志軒，香港城市大學法律學院助理教授，法學專業證書課程副主任。學術研究及教學範圍涵蓋比較民事程式法學，香港金融監管法規，香港公司法及香港民事訴訟法。在開展學術生涯之前，陳博士曾經是一所國際律師事務所的訴訟律師，主要處理金融監管調查及大型商業及金融糾紛訴訟事務。

陳浩文，香港大學文學士學位及哲學碩士，英國蘇塞克斯大學知識庫系統科學碩士，美國明尼蘇達大學哲學及認知科學博士，現任香港城市大學公共政策學系哲學副教授。主要教學及研究範圍包括社會政治哲學、應用與比較倫理學、理性思考等等。研究論文曾在 *Journal of Medical Ethics, Bioethics, Journal of Medicine and Philosophy* 和 *Education Philosophy and Theory* 等國際期刊和文集發表。現任香港醫院管理局臨床倫理委員會副主席以及其預設指示工作小組主席，香港生命倫理學會主席，近期聯編文集包括《如何走下去？── 倫理與醫療》。

陳樂庭，墨爾本大學公共及國際法碩士，倫敦瑪麗皇后大學法學士，伯明翰大學社會工作學文學碩士，香港城市大學社會工作學士。現職香港城市大學公共政策學系高級副研究員，參與永續發展相關課題的研究。過往在不同非政府組織工作。

鄭小和，香港城市大學法學碩士（仲裁與爭議解決方向），國際關係學院法學學士。研究興趣包括國際商事仲裁、替代性爭議解決方式等。曾任兼職助理研究員參與香港持續發展研究中心關於一帶一路與爭議解決的相關研究。現職北京市匯仲律師事務所律師助理。

鍾碩殷，英國華威大學國際政治經濟學文學碩士，香港城市大學政策與行政榮譽社會科學學士（一級榮譽）。研究興趣包括國際關係、貧富差距和科技及社會的跨界創新。現職香港城市大學公共政策學系高級副研究員，參與香港持續發展研究中心一帶一路與粵港澳大灣區等相關研究。

 David HOLLOWAY is Director of the LLM in Arbitration and Dispute Resolution at City University Hong Kong. David graduated in law from Cambridge University and holds a Masters degree in Law and Economics from Erasmus University Rotterdam. He has previously held permanent academic appointments at the Universities of Edinburgh, Essex and East Anglia and is a former Professor of Law and current Visiting Professor of Law at Jiaotong University, Xi'an, PR China. He has significant experience of teaching and research in the fields of international trade law and dispute resolution.

參考文獻

中國發改委（2017）。〈發改委談一帶一路實質性進展：成果好於預期〉。海外網。http://news.haiwainet.cn/n/2017/0306/c3542664-30773943.html

王天義（2005）。《中國經濟改革的理論與實踐》。北京：中共中央黨校出版社。

王書傑（2016）。〈中國企業海外直接投資的績效研究〉。中共中央黨校博士學位論文。

王素（2017）。〈全球國家風險水平仍將處於高位 —— 2017 年《國家風險分析報告》發佈〉。《進出口經理人》。11 期，62 頁。

王貴國、李鋈麟、梁美芬（2017）。《一帶一路爭端解決機制》。杭州：浙江大學出版社，348 頁。

王義桅（2018）。〈西方質疑一帶一路的三維分析：心理・利益・體系〉。《東南學術》。1 期，167–174 頁。

左連村、賈寧（2011）。〈借鑒國際經驗推進粵港澳大都市圈發展〉。《國際經貿探索》。7 期，34–41 頁。

全球基礎設施中心（2016）。《政府和社會資本合作合同風險分配》。北京：經濟科學出版社。

安永（2018）。〈民企是一帶一路建設重要推動者和生力軍〉。中國中小企業資訊網。www.sme.gov.cn/cms/news/100000/0000000084/2018/3/26/448df5a0eb364ea1b46e37ab8d97d272.shtml

朱琳（2018）。〈淺析「一帶一路」建設的金融支持 —— 供需分析、風險識別與應對策略〉。《中國總會計師》。7 期，110 頁。

宋瑞琛（2017）。〈美國對「一帶一路」倡議的認知及中國的策略選擇 —— 基於對美國布魯金斯學會和外交關係委員會學者觀點的分析〉。《國際展望》。6 期，57–74 頁。

李佳林、張木亮（2010）。〈基礎設施權益融資和負債融資方式探析〉。《經濟研究導刊》。25 期，74 頁。

李建軍、李俊成（2018）。〈「一帶一路」基礎設施建設、經濟發展與金融要素〉。《國際金融研究》。2 期，8 頁。

邱大燦、程書萍、張勁文、王茜（2011）。〈大型工程投融資模式決策研究 —— 港珠澳大橋投融資決策思考〉。《建築經濟》。3 期，28 頁。

金奇（2018）。〈一帶一路項目為何大量遇阻？〉。《金融時報》。2018 年 7 月 13 日。

俞瀟陽、周晶、吳孝靈（2012）。〈大型跨界工程項目融資的博弈分析〉。《軟科學》。1
期，頁 30。

姚鴻葦（2018）。〈「一帶一路」基礎設施建設投融資與經濟增長思考：基於歷史視角〉。
《現代管理科學》。2 期，75 頁。

柯銀斌（2018）。〈什麼樣的項目和企業才能算是「一帶一路」〉。一帶一路網。www.
bhi.com.cn/ydyl/gfps/48705.html.

段慶康、周晶、吳孝靈（2014）。〈考慮資本分擔公平性的大型跨界工程項目融資博弈
模型〉。《軟科學》。5 期，95 頁。

香港特別行政區政府（2018）。《行政長官 2018 年施政報告》。

姬超（2013）。〈韓國經濟增長與轉型過程及其啟示：1961–2011 —— 基於隨機前沿模
型的要素貢獻分解分析〉。《國際經貿探索》。12 期，45–60 頁。

姬超（2016）。〈中國經濟特區的產業轉型水準測度及其增長效應〉。《中國科技論壇》。
1 期，106–111 頁。

孫慧（2009）。〈工程項目與融資　第五講：工程項目融資方案研究 —— 權益融資〉。
《中國工程諮詢》。5 期，56 頁。

孫慧、張雪峰（2009）。〈工程項目與融資　第六講：工程項目融資模式 —— 債務融
資〉。《中國工程諮詢》。6 期，58 頁。

秦曉（2014）。〈一帶一路有助於中國化解過剩產能和過高外匯儲備〉。財新網。http://
economy.caijing.com.cn/20141213/3774163.shtm。

國明臻（2015）。〈國際工程融資模式與策略〉。《中國外匯》。5 期，64 頁。

國家資訊中心一帶一路大數據中心（2017）。《一帶一路大數據報告 2017》。北京：商
務印書館。

張文木（2017）。〈地緣政治的本質及其中國運用〉。《太平洋學報》。8 期，1–14 頁。

張日新、谷卓桐（2017）。〈粵港澳大灣區的來龍去脈與下一步〉。《改革》。5 期，
64–73 頁。

張鵬飛（2018）。〈「一帶一路」沿線亞洲國家基礎設施先行研究 —— 基於區域公共產
品供給理論〉。上海社會科學院世界經濟學博士學位論文。

凌曄（2018）。〈「一帶一路」境外基礎設施投資政治風險防範的法律路徑〉。《蘭州財經
大學學報》。1 期，110 頁。

陶一桃、魯志國（2008）。《中國經濟特區史論》。北京：社會科學文獻出版社。

黃文傑、侯玉玲、陳棟才（2006）。〈融資租賃基本特徵、發展狀態及應用空間分析〉。《商業研究》。15 期，72 頁。

黃衛東（2015）。〈中國涉外工程企業本土化管理對企業績效的影響機制研究 ── 基於非洲目標國和企業形象視角〉。香港城市大學工商管理學博士學位論文。

楊育儀、陳秀芬（2018）。〈從自我決定理論探究社經弱勢大學生之生涯決定〉。《當代教育研究系列》。3 期，1–33 頁。

路鐵軍（2016）。〈高鐵「走出去」的問題與路徑分析〉。《科技進步與對策》。16 期，116 頁。

趙磊（2018）。〈「一帶一路」：如何應對負面評價？〉。FT 中文網。2018 年 7 月 23 日。

趙豔（2015）。〈發展 PPP 項目融資模式，加快公共基礎設施建設〉。《中國工程諮詢》。7 期，28 頁。

蔣冠宏、蔣殿春（2017）。〈綠地投資還是跨國併購：中國企業對外直接投資方式的選擇〉。《世界經濟》。7 期，126–146 頁。

藍虹（2011）。〈項目融資推動赤道原則產生與發展的內在機理分析〉。《中央財經大學學報》。2 期，27 頁。

藍慶新（2017）。〈應大力推進民營企業參與「一帶一路」建設〉。《學術前沿》。9 期，61–65 頁。

顏瑋、姬超（2015）。〈對外開放的經濟增長效應及其演變規律 ── 韓國經濟發展的經驗證據〉。《學術界》。11 期，239–244 頁。

羅小龍、沈建法（2010）。〈從「前店後廠」到港深都會：三十年港深關係之演變〉。《經濟地理》。5 期，711–715 頁。

羅煜、王芳、陳熙（2017）。〈制度質量和國際金融機構如何影響 PPP 項目的成效 ── 基於「一帶一路」46 國經驗數據的研究〉。《金融研究》。4 期，61 頁。

Andrews, N. (2012). *The Three Paths of Justice: Court Proceedings, Arbitration, and Mediation in England*. Dordrecht: Springer, p. 189.

Arvanitis A. & Kalliris K. (2017). A Self-determination Theory Account of Self-authorship: Implications for Law and Public Policy, *Philosophical Psychology*, 30:6, 763–783

Chan, P. C. H. (2017). *Mediation in Contemporary Chinese Civil Justice: A Proceduralist Diachronic Perspective*. Leiden & Boston: Brill Martinus Nijhoff Publishers.

China International Economic and Trade Arbitration Commission Hong Kong Arbitration Center (2013). "Introduction." Retrieved from www.cietachk.org/portal/mainPage.do?pagePath=\en_US\aboutUs

De Palo, G. & Keller, L. (2013). "Mediation in Italy: Alternative Dispute Resolution for Al.l," In: K. J. Hopt & F. Steffek (Eds.). *Mediation: Principles and Regulation in Comparative Perspective* (pp. 667–696, 673). Oxford: Oxford University Press.

Department of Justice: Arbitration. Retrieved from https://www.doj.gov.hk/eng/public/arbitration.html.

Department of Justice: Permanent Court of Arbitration provides arbitration services in HK (with photos). Retrieved from www.doj.gov.hk/eng/public/pr/20150104_pr1.html.

Diomande, M. A., Heintz, J. S., & Pollin, R. N. (2009). "Why US Financial Markets Need a Public Credit Rating Agency," *The Economists' Voice*, 6(6), 14.

Elango, B., Fried, V. H., Hisrich, R. D., & Polonchek, A. (1995). "How venture capital firms differ." *Journal of Business Venturing*, 10(2), 157–179.

EPRS (2016). "The Case for a European public credit rating agency". Briefing October 2016, European Parliament Research Services. Retrieved from www.europarl.europa.eu/thinktank/en/document.html?reference=EPRS_BRI(2016)589865

European Commission (2013). "Regulation (EU) No 462/2013 of the European Parliament and of the Council of 21 May 2013 Amending Regulation (EC) No 1060/2009 on Credit Rating Agencies." Retrieved from http://eur-lex.europa.eu/legal-content/EN/TXT/PDF/?uri=CELEX:32013R0462&from=EN

European Securities Markets Authority (2016, December). "Competition and Choice in the Credit Rating Industry." Retrieved from www.esma.europa.eu/sites/default/files/library/2016-1662_cra_market_share_calculation.pdf

Financial Stability Board (2014). "Thematic Review on FSB Principles for Reducing Reliance on CRA Ratings." *A Peer Review Report*. Retrieved from www.fsb.org/wp- content/uploads/r_140512.pdf?page_moved=1

Greenberger, E., Steinberg, L. D., & Ruggiero, M. (1982). "A Job is a Job is a Job... or Is It? Behavioral Observations in the Adolescent Workplace." *Work and Occupations*, 9(1), 79–96.

Hong Kong Bar Association: "Bar List (Arbitrators)." Retrieved from www.hkba.org/Bar-List/arbitrators

Hong Kong International Arbitration Centre "Panel & List of Arbitrators." Retrieved from www.hkiac.org/arbitration/arbitrators/panel-and-list-of-arbitrators

Hong Kong International Arbitration Centre. "Statistics." Retrieved from www.hkiac.org/about-us/statistics

Hopt, K. J. & Steffek, F. (2013). "Mediation: Comparison of Laws, Regulatory Models Fundamental Issues." In: K. J. Hopt & F. Steffek (Eds.). *Mediation: Principles and Regulation in Comparative Perspective* (3–130). Oxford: Oxford University Press.

International Court of Arbitration (2005–2014, 2015–2017). "Statistical Report of ICC Dispute Resolution Statistics." *ICC International Court of Arbitration Bulletin, 16*(1)–*25*(1); *ICC Dispute Resolution Bulletin, 1–2.*

IOSCO (2008, May). Code of Conduct Fundamentals for Credit Rating Agencies. Retrieved from www.iosco.org/library/pubdocs/pdf/IOSCOPD271.pdf

IOSCO (2015). "Code of Conduct Fundamentals for Credit Rating Agencies (final report)". Retrieved from www.iosco.org/library/pubdocs/pdf/IOSCOPD482.pdf

Jagtenberg, R. & de Roo, A. (2011). "Frame for a Dutch Portrait of Mediation, Customized Conflict Resolution: Court-connected Mediation in the Netherlands 1999–2009." *The Judiciary Quarterly*, 7–23, 7.

Joseph S. Nye, Jr. (2002). *The Paradox of American Power: Why the World's Only Superpower Can't Go It Alone*. Oxford: Oxford University Press.

Joseph S. Nye, Jr. (2004). "Soft Power: The Means to Success in World Politics." *Public Affairs*, 2–11, 31.

Loughlin, C., & Barling, J. (2001). "Young Workers' Work Values, Attitudes, and Behaviours." *Journal of Occupational and Organizational Psychology, 74*(4), 543–558.

Mirjam Bult-Spiering and Geert Dewulf (2006). *Strategic Issues in Public–Private Partnerships: an International Oerspective*. MA: Blackwell.

Moller, A. C., Ryan, R. M., & Deci, E. L. (2006). "Self-determination Theory and Public Policy: Improving the Quality of Consumer Decisions without Using Coercion." *Journal of Public Policy & Marketing, 25*(1), 104–116.

Müller T. (2007). "Analyzing Modes of Foreign Entry: Greenfield Investment versus Acquisition." *Review of International Economics, 15*(1), 93–111.

Organization for Economic Cooperation and Development (2010, October). "Competition and Credit Rating Agencies. Directorate for Financial and Enterprise Affairs Competition Committee. Retrieved from www.oecd.org/competition/sectors/46825342.pdf.

Ramakrishnan S. and Scipio, P. (2016, May 4). "Big Three in Credit Ratings still Dominate Business. Retrieved from www.reuters.com/article/uscorpbonds-ratings-idUSL2N17U1L4

Ryan, R. M., & Deci, E. L. (2000). "Self-determination Theory and the Facilitation of Intrinsic Motivation, Social Development, and Well-being." *American Psychologist, 55*(1), 68–78.

Schroeder, & Susan. (2013). "A Template for a Public Credit Rating Agency". *Journal of Economic Issues, 47*(2), 343–350.

Securities and Futures Commission (2011). "Code of Conduct for Persons Providing Credit Rating Services." Retrieved from www.sfc.hk/web/EN/assets/components/codes/files-current/web/codes/code-of-conduct-for-persons-providing-credit-rating-services/Code%20of%20Conduct%20for%20Persons%20Providing%20Credit%20Rating%20Services.pdf.

Securities and Futures Commission (2011, June 11). "Code of Conduct for Persons Providing Credit Rating Services." Retrieved from www.sfc.hk/web/EN/assets/components/codes/files-current/web/codes/code-of-conduct-for-persons-providing-credit-rating-services/Code%20of%20Conduct%20for%20Persons%20Providing%20Credit%20Rating%20Servi ces.pdf.

Shenzhen Court of International Arbitration. "SCIA Panel of Arbitrators." Retrieved from www.sccietac.org/web/doc/view_arbitrator/662.html.

Singapore International Arbitration Centre. "SIAC Panel." Retrieved from www.siac.org.sg/our-arbitrators/siac-panel.

The Chinese Arbitration Association, Taipei. "Establishment of CAAI Preparatory Office." Retrieved from http://en.arbitration.org.tw/news_into.php?id=56.

The Law Society of Hong Kong. "The Panel of Arbitrators of the Law Society of Hong Kong." Retrieved from www.hklawsoc.org.hk/pub_e/ars/arbitrator.asp.

United Nation Conference on Trade and Development (2015, November). "Policy Brief, No. 39: Credit Rating Agencies: Junk Status?" Retrieved from http://unctad.org/en/PublicationsLibrary/presspb2015d13_en.pdf.

White & Case, & School of International Arbitration, Queen Mary University of London. "2018 International Arbitration Survey: The Evolution of International Arbitration." Retrieved from www.whitecase.com/sites/whitecase/files/files/download/publications/qmul-international-arbitration-survey-2018-18.pdf.

Yin Germaschewski (2016). "Getting Help from Abroad: The Macroeconomics of Foreign Direct Investment in Infrastructure in Low-income Countries" *Canadian Journal of Economics, 49*(4): 1502.

後記

　　作為「香港專業服務與一帶一路：推進可持續發展的創新能動性」項目的中期研究成果，《解構 • 倡議 —— 專業服務與一帶一路》一書在 2019 年中出版，這是一件令筆者和研究團隊十分雀躍的事情。

　　編寫本書期間，香港、中國內地以至世界局勢發生很大變化。藉着廣深港高鐵香港段通車、港珠澳大橋落成及粵港澳大灣區建設等一連串措施，香港與內地之間的聯繫已經變得更加緊密；與此同時，中、美貿易爭端過去兩年波濤迭起，加上其他政治糾紛事件的影響，也讓本地及國際社會對「一帶一路」倡議，以至對內地、香港未來發展的信心有所動搖。不過正正是處身這種環境，學術界才更需要致力透過跨學科視角和跟不同區域和業界合作，為香港、中國大陸、以及「一帶一路」沿線國家的持續發展所面對的難點提出一些思路。

　　基於這種理念，我們組織了一支擁有來自不同學術專業領域成員的研究隊伍，當中包括公共政策、國際關係、法律、建築工程、應用倫理、管理學、歷史學、經濟學等，能夠從多角度分析問題，力求提出能夠綜合考慮問題及可行的建議方案，這支團隊亦非常注重與其他界別合作研究，各位成員都積極拓闊我們的研究網絡，務求從中積累更務實有效的研究成果。

　　在研究過程中，我們與香港及內地的「一帶一路」倡議的主要持份者完成了多次深度訪談和會議，其中包括法律、會計和金融等領域的主要持份者，以及中國大陸企業、政府、專業智庫和社會團體等，以更好的理解「一帶一路」和香港專業界別。期間我們進行過最重要的調研工作，就是與中國會計師和審計

師協會合作，針對會計行業對「一帶一路」倡議的參與情況進行
了問卷調查，從而衡量世界各國會計師對於「一帶一路」帶來的
挑戰和機遇的看法。我們也和香港及內地的政府官員、企業高
管以及駐香港的外國領事館和商會等機構進行了深入交流，邀
請持份者加入我們新成立的「一帶一路」國際研究樞紐，希望能
進一步交換意見和促進未來的合作。

　　透過上述活動，我們知道「一帶一路」的相關建設項目耗資
動輒達數十億甚至上百億美元，對社會、環境、政府及國際關係
產生巨大影響，既吸引當地及國際社會的眾多關注，同時也帶來
了各種各樣的衝突，過程中常常會遭遇始料未及的障礙，例如各
國在徵地問題上就對如何界定國有土地及私有土地有不同的執行
辦法；另外，「一帶一路」至今仍然比較缺少多邊機構及私人投
資者參與，使得許多重大項目在事實上近乎成為中國單邊工程，
容易令外界質疑背後存在其他的戰略考慮，中國的資金亦難以獨
力承擔一眾相關項目，甚至有可能蒙受國際形象損失。如何科
學、有效地處理「一帶一路」建設中的衝突，近來已成為各界關
注的重大問題，我們認為各方要處理複雜矛盾的需求，不能單憑
技術手段，反而必須着眼於發展一個綜合的公共治理體系，藉此
發揮各界力量為「一帶一路」提供更好的推進方案。

　　筆者衷心希望此書能為關注香港、中國與「一帶一路」倡議
的讀者提供幫助，特別是思考的素材，同時也希望借此就我們的
研究與同仁展開更密切的交流，並在這種交流中激發、碰撞出新
的思路，為香港的公共政策創新和社會持續發展略盡綿薄之力。

　　此為記。